The Future of the MBA

MBA的未来

——设计未来的思考者

【加】米尼·C.莫尔多韦亚努　　【加】罗杰·L.马丁　著
Mihnea C. Moldoveanu　　　　　Roger L. Martin

王　祎　林丹明　徐宗玲　等译

经济管理出版社
ECONOMY & MANAGEMENT PUBLISHING HOUSE

图书在版编目（CIP）数据

MBA 的未来：设计未来的思考者/(加) 米尼·莫尔多韦亚努，(加) 罗杰·马丁著；王祎等译. —北京：经济管理出版社，2022.11
ISBN 978-7-5096-8754-3

Ⅰ. ①M… Ⅱ. ①米… ②罗… ③王… Ⅲ. ①工商管理硕士—研究生教育—研究 Ⅳ. ①F203.9-4

中国版本图书馆 CIP 数据核字（2022）第 184694 号

北京市版权局著作权合同登记：图字：01-2021-5745

原文书名：THE FUTURE OF THE MBA：DESIGNING THE THINKER OF THE FUTURE
原书 ISBN：978-0-19-534014-3
Copyright © 2008 by Oxford University Press，Inc.

THE FUTURE OF THE MBA：DESIGNING THE THINKER OF THE FUTURE was originally published in English in 2008. This translation is published by arrangement with Oxford University Press. Economy & Management Publishing House is solely responsible for this translation from the original work and Oxford University Press shall have no liability for any errors, omissions or inaccuracies or ambiguities in such translation or for any losses caused by reliance thereon.

责任编辑：申桂萍
责任印制：黄章平
责任校对：赵天宇

出版发行：经济管理出版社
　　　　　（北京市海淀区北蜂窝 8 号中雅大厦 A 座 11 层　100038）
网　　址：www. E-mp. com. cn
电　　话：(010) 51915602
印　　刷：唐山昊达印刷有限公司
经　　销：新华书店
开　　本：880mm×1230mm/32
印　　张：6.25
字　　数：119 千字
版　　次：2022 年 11 月第 1 版　2022 年 11 月第 1 次印刷
书　　号：ISBN 978-7-5096-8754-3
定　　价：58.00 元

推荐序

中国的 MBA 教育正在经历着一个从舶来品转向本土化的过程。20 世纪 80 年代初，中国实行了经济上的改革开放，企业的管理也随之要求跟上时代的步伐。管理教育界、实践界纷纷引进国外的管理理念和方法，试图一改计划经济时代的管理局面。

这时，加拿大、美国、欧洲的合作教育项目也纷纷叩开了中国管理教育的大门，使人们看到了管理教育的新模式。正如所有的认知过程一样，人们最初对外来的工商管理硕士（MBA）项目由好奇到抛弃，甚至直言这种教育层次太低，使得中美合作的第一批 MBA 学生在找工作时遇到了重重的麻烦，成为了新闻媒体关注的对象。随着中国教育部与加拿大国际开发总署合作的中加管理教育项目在国内 9 个大学（后来扩大成 27 个学校）全面推开，一些青年教师在国内学习了 MBA 项目，到加拿大获得了 MBA 学位。此时，国内管理教育界的先贤们开始对 MBA 教育有了较多的了解，开始探讨建立中国自己的 MBA 项目。

1990 年，中国学位委员会正式批准了中国的 MBA 学位。清华大学、中国人民大学等 9 所大学与加拿大大学合作，率先在中国办起了 MBA 项目。28 年过去了，在教育部的领导下，在全国 MBA 教育指导委员的指导下，中国的 MBA 项目办得风生水起。这中间有过犹豫，有过井喷，有过争论，但这一切都是前进中的波澜。这一点也在国际 MBA 教育的进程中得到印证。王祎等翻译的这本《MBA 的未来——设计未来的思考者》就是一个镜像。

21 世纪以来，北美的 MBA 教育也遭受到猛烈的批评和攻击。MBA 学位的经济、学术、实践、伦理乃至整体性价值都饱受质疑。MBA 学位是否有意义，其生存下去的可能性有多大，这些问题让人们开始担忧 MBA 眼前和长期的发展趋势。为此，2006 年 3 月，加拿大多伦多大学罗特曼管理学院举办了一场题为"MBA 的未来"的讨论会。与会的资深学者们慷慨激昂地讨论着"MBA 有无未来？如果有，它的未来应该是怎样的？"这个问题。

在批评 MBA 时，批评者都回避不了一种困局：他们攻击 MBA 的缺陷恰好是如今 MBA 赖以生存的环境所预设的目录，正是当前的制度、经济和精神体系造成了 MBA 目前的局面，因此，他们无法在批评 MBA 的同时，一并攻击这些现象所植根的土壤。《MBA 的未来——设计未来的思考者》一书正是对这种讨论的反思和警醒，指出要想从零开始改造某事物，首先要重新审视这一事物的核心价值。

首先，作者反思了 MBA 的价值，区分了 MBA 在选拔人才和培养人才方面的价值。在反驳了各种批评观点之后，作者明确肯定了 MBA 的价值，重新界定 MBA 应该培养"高价值的决策者"这一新型人才概念，即具备整合能力的人。在当前乃至将来多种范式并行不悖的社会商业环境下，这种能力不可或缺，而且无法被智能时代最为耀眼的算法技能所取代。具备发散思维、开放心智、元认知特征的整合能力，正是 MBA 培养目标的体现。

其次，作者对商学院进行了反思。过去 50 年基于学科分割的专业化教育体系卓有成效地培养了商业社会所需的精英。然而，这种高效的代价是教学体系中的烟囱林立，理论对实践的粗暴简化，最终导致"理论的归理论，实践的归实践"。教育体系本身的功利和短视倾向更加重了这种趋势。现今商学院获得成功的代价就是丧失了与商业实践的联系，商学院目前新的使命就是促进学术与实践的融合，加速创新，扩大影响力。这些观点在某些商学院已经转化成了变革的力量。无论是学术研究还是教学领域，对现实问题和实践的尊重开始回归到商学院。

当然，这一切还是北美的讨论与实践的探索。中国的 MBA 教育也需要认真的加以讨论。商学院是一个教育的共同体，有义务也需要有担当共同塑造 MBA 未来。

徐二明

戊戌初夏于汕头桑浦山下

译者前言

《MBA 的未来：设计未来的思考者》是加拿大多伦多大学管理学院教授米尼·C.莫尔多韦亚努（Mihnea C. Moldoveanu）和罗杰·L. 马丁（Roger L. Martin）的力作。该书出版后在管理学界引起热议，贯穿全书的 MBA 教育思考和建议被认为代表了一种独特的改革方向。

在本书中，莫尔多韦亚努和马丁回顾了学术界对当今 MBA 教育的各种质疑，并进行了分析和总结。他们指出，MBA 已然成为一种备受关注的社会经济现象，但是从商业教育的意义上讲，它既是一种人才培养机制，也是一种人才筛选机制。许多人都意识到 MBA 在人才培养方面存在的问题，但对其人才筛选功能重视不足，而该功能同样对潜在的雇主有重要价值。因此，有效的 MBA 教育改革必须兼顾培养内容和选拔标准两个方面，在选拔标准不完善的情况下，培养内容的改革显得尤其重要，至于具体的改革方向，则与"什么是未来的 MBA"这一问题有关。

莫尔多韦亚努和马丁根据多年来在整合思维领域的研究成

果，提出了 MBA 教育改革方案。他们认为，"未来的 MBA"应该是具有出众心智和独特思维能力的"未来的高价值决策者"，其"高价值"体现在三个方面：一是理解相互矛盾的模型、对其冲突之处进行巧妙处理和吸收（而不是贸然拒绝）的"灵敏心智"；二是包容有冲突的模型并继续前行的"开放心智"；三是利用彼此冲突的模型、通过不懈的试验打造出创新模型的"坚毅心智"。实际上，以上关于三种心智的阐述正是罗杰·L.马丁赖以成名的"整合思维"思想的延伸和深化，它们与管理者的决策实践密切相关。

与"高价值"相应，未来的 MBA 教育的选拔和教学重点是思维训练，以期让"未来的 MBA"们掌握一系列隐性的思维技能，而这些技能恰好与学术研究密切相关，是商学院教授最为擅长的领域。作者进行了一系列的案例分析和慎密的理论推演，说明以思维能力为基础的 MBA 教育改革必须整合心理学、社会学、哲学以及其他社会科学学科的内容，必须借鉴医学、工程、法律等实践性学科的成功经验，而且这种改革具有实践上的可行性。

在中国，MBA 教育诞生于改革开放的年代并快速发展。面对百年未有之大变局，MBA 教育人士正在不断反思，探求改革发展之路。我们认为，与那些为响应当下实践的"战略需求""产业需求"而提出的改革方案相比，立足于科学基础和学科基础，通过整合思维训练，使管理者能够理解、包容、善用管理实践中的各种观念和行为，产生"海纳百川，有容乃大"的管理思想，从而形成嵌入自身底层思维的、他人无法模仿的核心能力，这样的 MBA 教育改革，或许代表了一种具有持续性和长期战略意义的深层次"供给侧改革"思路。

参加本书初稿翻译的人员有陆小华（引言）、孙浩军（第一章）、王祎（第二章）、覃忠（第三章）和林丹明（第四章），初稿完成后由王祎、林丹明、徐宗玲统稿。在李嘉诚基金会资助下，汕头大学曾派遣各位参与翻译的教师参加 2009 年 10 月在多伦多大学罗特曼管理学院举办的整合思维研讨班，并在此后开展持续多年的整合思维教育改革，为本书的翻译提供了良好的基础条件。在这一过程中，时任汕头大学执行校长顾佩华教授和李嘉诚汕头大学教育基金会董事冯兆麟博士给予了诸多支持，在此一并表示感谢。

王　祎　林丹明　徐宗玲

2022 年 9 月

致　谢

　　本书的酝酿历经数年之久，但最早的灵感来自 2006 年 3 月罗特曼管理学院举办的一场名为"MBA 的未来"的会议。这次会议吸引了世界各地著名商学院院长、近年来对工商管理硕士项目提出过批判意见的学者、商业及社会科学领域的知名学者参加。举办这次会议的直接目的是希望为 MBA 的批评者提供与商学院院长直接交流的机会，最终目的是将关于 MBA 的各种讨论汇聚成一场对话，使各方有力但互为独立的观点能够相互观照、有所关联，在此基础上得以思考和重构一个问题——MBA有无未来？如果有，它的未来应该是怎样的？

　　用"应该"而不用"将会"，乃是因为"重构"这一说法隐含着此种信念：无论在技术层面或者其他层面，社会现象并不遵循决定性的发展轨迹，社会现象是设计和工程化的对象，而非单纯地被发现和分析。正如迈克尔·詹森（Michael Jensen）所说，"如果我们连'应该做的'都做不到，那么我们到底在做些什么？"

　　根据这一观点，逻辑本身——如下文所述——成了一种经过精心设计的探询工具，而非"既定的"、一成不变的规则、原则或公理集合。借助这一工具，我们才能理解自然之物、精神之物以及社会世界。若然如此，就如肯·安德鲁斯（Ken Andrews）曾经在一次私人谈话中所言，"实用主义是商业的哲学"，那么我们所从事的这项重构性任务就可以心安理得地从实用主义哲学家和思想家那里继承智慧传统，包括早期的查尔斯·皮尔士（Charles Peirce）和威廉·詹姆斯（William James），以及约翰·杜威（John Dewey）和后来的马丁·海德格尔（Martin Heidegger），乃至理查德·罗蒂（Richard Rorty）及其学生等。本书的副标题——设计未来的思考者，表明了我们力促专业教育项目（主要是指 MBA）转变为设计主体的殷切心态，希望这些教育项目能够设计出更好的思考者、沟通者、管理者乃至更好的人。同时，这一标题也指出教育改革者本质上具有设计导向的属性，其目标应该是设计更为成功的人类交互活动，并且生产出具备这一能力的设计者。

　　我们的设计征途起始于多伦多那场会议中的部分对话，我们相信，当时对话的言辞不像许多学术讨论那样随意。不管怎么说，对话是激发言语及行为投入的引擎，因此是开发以实践为目的之思想的关键环节。虽然"理论"一词自始至终都显得那么突出，但我们所从事的这项任务并非单纯的理论练习。事实上，为了真正实现我们关于 MBA 的设计理念，一些工程化和原型化的工作已经开展起来。因此，本书中的诸多想法已在罗特曼管理学院落了地，为错综复杂的 MBA 教育带来一些切实改变，为人才培养的新模式提供方法和蓝图，并且成为我们日常思考和谈论未来的 MBA 的习惯用语。我们尝试着整合那场对话参与者的观点，不仅要绘制出变革蓝图，更要构建出引发变革的行动框架。希望那些为之贡献了思想、精力和时间的人们能够感受到我们所做的努力，并满意于我们的工作。

对于在那场"MBA 的未来"的会议上对 MBA 提出过批评和建议的人们，我们一一列出并致以谢意。他们是：麦吉尔大学的亨利·明兹伯格（Henry Mintzberg）、斯坦福大学的杰弗里·菲佛（Jeffrey Pfeffer）、南加州大学的詹姆斯·奥图（James O'Toole）以及参与讨论的学者，包括西北大学凯洛格管理学院院长迪帕克·杰恩（Dipak Jain）、明尼苏达大学卡尔森管理学院院长艾丽森·戴维斯—布莱克（Alison Davis-Blake）、西班牙 IESE 商学院院长乔迪·卡纳尔（Jordi Canals），以及耶鲁管理学院院长乔尔·波多尔尼（Joel Podolny）。已故的苏曼特拉·戈沙尔（Sumantra Ghoshal）对商业学术领域的学术环境和社会环境给予了认识论层面的批判，令我们很受启发。我们要对演讲小组的成员致以谢意：芝加哥大学的罗恩·伯特（Ron Burt），加州大学洛杉矶分校安德森管理学院的比尔·麦凯维（Bill McKelvey），哈佛大学及摩立特公司（Monitor, Inc.）的克里斯·阿吉里斯（Chris Argyris）和迈克尔·詹森，以及参与讨论的哈佛商业评论执行主编莎拉·

克利夫（Sarah Cliffe）。特别感谢约翰·拉尔斯顿·索尔（John Ralston Saul）阁下，他所做的关于 20 世纪社会、经济及文化场景中管理者角色的研究深刻而富有洞见。

我们还要感谢多伦多会议的每一位与会人员，是他们的身心投入造就了这场会议如此高质量的学术对话：Robert Bauer，Brendan Calder，Melanie Carr，K.C. Chan，Joseph D'Cruz，David Dunne，Lawrence Feick，Jim Fisher，Heather Fraser，George Gau，William Glick，Ned Hill，Santiago Iniguez，Xavier Mendoza，Ajay Patel，Peter Pauly，Paul Portney，Lawrence Pulley，Myron Roomkin，Joe Rotman，David Samuel，John Seybolt，Dilip Soman，Julia Tyler，以及 Glen Whyte。如果没有商学院院长们的参与，对话也只能流于泛泛空谈。没有罗特曼学院斯蒂夫·阿伦伯格（Steve Arenburg）专业的会议组织，恐怕这场会议也只能停留在计划当中。

最后，此书要献给乔·罗特曼（Joe Rotman）以及马塞尔·狄索特斯（Marcel Desautels），是他们在过去 10 年中富有远见的馈赠和鼓励，才让这世间难能可贵的践行理想之精神诉求成为可能。为此，我们致以永恒的敬意。

目　录

引言　MBA 的未来与未来的 MBA

我们眼中的别人不是他们自身，而是我们自己。

——《塔木德》

工商管理硕士（Master of Business Administration，MBA）学位源于北美，是当今一种成功的文化产物和社会经济现象，并广为全世界认可。MBA 教育学制一般为两年。大学生毕业后，经历 2~4 年的工作，通过一定的筛选程序就有机会攻读 MBA 学位，学习如何"管理企业"。目前，MBA 市场处于良性的供不应求状态，毕业生的主要需求方是盈利良好、发展快速的大型企业。虽然市场前景喜人，但近年来 MBA 教育遭受猛烈的批评和攻击。MBA 学位的经济、学术、实践、伦理乃至整体性价值都饱受质疑。MBA 学位是否有意义，其生存下去的可能性有多大，这些问题让人们开始担忧 MBA 眼前和长期的发展趋势。纵然这些批评的出发点和论证思路不尽相同，但矛头共指"MBA 的未来"。从当前商业教育领域出现的种种迹象来看，MBA 的未来并不被看好。

诚然，论证"某某事物的未来"，须基于一个假设前提，即该事物或其本质特征必须具备延续性，使得该事物未来的形态仍能被视为当前形态的延续。然而，我们没有任何理由确信 MBA 发展下去能够依然延续其本质属性，并进化为"未来的 MBA"，或者说 MBA 是否能一直存在也未可知。因此，MBA 的批评者都回避不了一种困局：他们攻击 MBA 的缺陷恰好是如今 MBA 赖以生存的环境所预设的目标，正是当前的制度、经济和精神体系造成了 MBA 目前的局面，因此他们无法在批评 MBA 的同时，一并攻击这些现象所植根的土壤。这就意味着，如果沿着这些批评者的思路，我们根本无法摆脱桎梏，设想出一种前所未有的"未来的 MBA"。要想从零开始改造某事物，前提是重新审视这一事物的核心价值。于我们而言，这是一项前所未有的挑战。真正推动 MBA 的进化，需要尝试用新方式来解说"MBA 的问题"。商业社会快速发展，未来的管理者和组织将面临全新的挑战和问题，而这些挑战和问题恐怕是现阶段 MBA 教育体系培养出来的毕业生所难以应对的。在着手设计未来的 MBA 之前，我们得先界定未来的管理者。

“竞争力”之说：MBA 能否为未来组织提供有竞争力的人力资本？

MBA 学位能为毕业生带来多大价值？杰弗里·菲佛和克里斯蒂娜·方（Pfeffer & Fong，2002）对此提出质疑。他们认为，作为教育产品的“美式 MBA”目前正受到替代品的威胁。在他们看来，MBA 并没有带来广告宣传的结果，MBA 毕业生的职业优势并不比非 MBA 毕业生大多少，好成绩也不会带来更好的工作和职业前景。而 MBA 课程期间发生的有效知识转移常常会被“商业适应”式短期培训所复制。咨询公司和投资银行为刚刚读完 MBA 的雇员提供这类内训课程，帮助他们快速掌握作为内部沟通密码及专业领域进入壁垒的“业内行话”。因此，MBA 并不能弥补毕业生的沉没成本和机会成本。菲佛和方的分析基于他们从针对 MBA 教师的非正式调查中所获取的个案事例，但这些依据很有说服力，为他们的观点提供了有力支持。

这两位学者的论证有着明确的含义：如果 MBA 在人才培养方面的作用有限，而且学生从中所获的技能和知识也价值寥寥，那么有效的劳动力市场就会捕捉到 MBA“市价”与其为毕业生和雇主创造的真实价值之间的差距，并且进行适当的修正。在管理人才市场上，之所以这样的修正尚未发生，原因在于系统非理性引致的市场无效，但这种系统非理性是可修正的。20世纪后期，MBA学位成了市场上的投机泡沫之一，因人们的不合理预期而形成，也因预期被系统性检验和否定而趋于破灭。

菲佛和方两位学者的观点引起了学术界的高度重视。反驳者如梅里特（Merritt，2003）直接把关注点投向MBA的经济价值，用系统的数据分析方法得出如下结论：对于那些顶尖MBA项目的毕业生而言，获取MBA学位是净现值为正的行为。他们声称："MBA学位很值。"诚然，这些答案尚未回答菲佛和方提出的另一个问题：为什么MBA学位很值？此外，与之相关的问题是，即使当下的MBA确实很值，为何我们就可据此断定未来的MBA依然很值？不管怎么说，攻读MBA始终是一项对未来期望敏感的决策，毕竟MBA学生要停职两年以完成MBA课程。

如果不把MBA当成一种育人方式，而将其视作一种"选人"机制（见图Ⅰ-1），或许有助于更好地理解其价值。依照该图，MBA是整个社会人才选拔体系的一部分。这个体系由一系列选人过程构成，从中小学开始，历经大学录取、大学学业成绩和推荐信、职场表现、GMAT[①] 考试分数，直到研究生阶段的学业成绩。MBA作为其中一种人才选拔机制，通过直观的学业成绩、

---

① GMAT 是 Graduate Management Admission Test（研究生管理科学入学考试）的简称，由管理专业研究生入学考试委员会（GMAC）创办（译者注）。

成绩分布以及列明入学门槛（如最低录取线、最高录取率等指标）的学校学位等，为潜在雇主提供毕业生的质量信息。

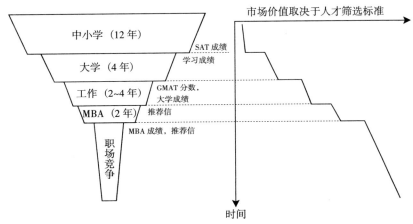

图 I –1 MBA 的人才筛选机制观

那么，MBA 以什么作为筛选人才的标准呢？这个问题比较复杂。简而言之，我们挑出两项既与职场成就密切相关、看起来也颇为合宜的能力特征：一是一般智力[①]，以字母"g"表示，该变量与 15 年期工作业绩的相关系数约为 0.4；二是责任感，用字母"C"表示，该变量与 15 年期工作业绩的相关系数为 0.3（Higgins，Peterson，Pihl & Lee，2007；Schmidt & Hunter，1998）。

[①] 英国心理学家查尔斯·爱德华·斯皮尔曼（Charles Edward Spearman）提出智力"二因素论"，认为智力可分解为 g 因素（一般智力）和 s 因素（特殊智力），一般智力是指在不同智力活动中所共有的因素，而特殊智力是指在某种特殊的智力活动中所必备的因素（译者注）。

表面看来，这些相关系数似乎不高，但如果把它们视为人力资本的"复合回报率"，那就很可观了。我们有理由相信，一连串的筛选机制的确能够甄别出人才的这两项特征。比如，标准化考试（GMAT）侧重于考核个体的工作记忆以及信息联想加工的速度，工作记忆和联想加工速度不仅与 g 相关，而且两者加起来几乎解释了 g 的所有方差，而在控制 g 的条件下，学业成绩则与责任感密切相关（Higgins et al., 2007）。

不管这样的选人机制能为"终端用户"市场提供多大价值，我们可以将其规定为"MBA 价值"的下限，也就是不管是以培养技能为主的"能力型 MBA"还是以传授知识为主的"知识型 MBA"都起码应该提供的价值。姑且把这一下限称为 MBA 的"筛选价值"。如果"筛选价值"足够高，那么为了节省高昂的教师聘用成本，MBA 项目尽可以把大部分"学术课程"都砍掉，代之以仅仅训练责任感和一般智力的培训内容。这一说法似乎得到了现实的印证，大型咨询公司为刚拿到 MBA 学位的雇员开设再培训项目（Pfeffer & Fong, 2002）。这种情况进一步强化了人们对 MBA 人才培养价值的悲观态度：如果 MBA 所提供的概念知识基础对雇主有用，那么就没有必要"再培训"，只要补充培训就够了。然而，如果 MBA 证书本身一文不名，雇主应该不会情愿为 MBA 学位的溢价埋单，而是另觅高才。由于获得 MBA 学位的前提是被成功录取并顺利毕业，因此我们有理由认为 MBA 的价值与其筛选功能有关。

　　言下之意很明显：如果选人价值远超育人价值，MBA 教什么还重要吗？只要满足以下条件，任何一种培训体系都足以承担人才筛选功能，为人才市场提供价值：①使申请人数远大于录取人数，切切实实形成供给不足的恐慌；②依据可测量的、与毕业后工作绩效相关的个人特征来录取学生；③让学生参与规则明确、结果导向的任务型竞赛，而且任务绩效与一般智力和责任感相关；④让学生相信这样的考核标准和结果是"公平"或"正当的"。当然，MBA 学位还会为毕业生带来"网络价值"，即毕业生所获得的社会资本，也就是学生修读过程中所习得的共同"商业语言"（Astley & Zammuto，1992）。考虑到这一点，我们就能大致回应菲佛和方的考问：为什么有人愿意花钱读MBA，或者说花这么多钱来读 MBA？

　　诚然，我们的分析把 MBA "学科"置于尴尬处境。如果MBA 只有选人价值，在育人方面毫无建树，它就沦为一种符号性价值，仅仅为 MBA 学位的需求赋予了合理性而已。比如说，我们可以要求学生以形式化的方式掌握偏微分方程的求解，但不需要他们理解变量内涵；或者在课堂上讲授经典著作的文学分析，培养学生掌握重要的文本解释和分析技能，然后让学生参加考试检验他们这些技能的熟练程度，从而得到成绩排名。对于潜在雇主来讲，这样的排名也许很有用。如果把 MBA 视为一种选人机制，如此教学安排似已足够，但这可不是学生们想要的，只会促使他们另觅他处去寻求商业的金科玉律。因此，即便"MBA 的筛选价值论"完全成立，教育者仍须履行商业教育，使 MBA"名至实归"。然而在目前的选人模式下，MBA 的育人功能并没有创造出价值，不过是毕业生功成名就的副现象[①]而已。

随之带来两个问题：其一，即使认可 MBA 就是一种人才筛选机制，那么其筛选标准是否正确？我们是否尽可能完善了当前的筛选系统？这些筛选标准是否与未来工作、职场成功以及组织绩效相关？答案是否定的。除了与算法相关的智力和责任感外，未来社会所需要的高价值决策者还必须具备其他方面的特质。

其二，难道 MBA 的人才培养目标就此"销声匿迹"？难道两年之久的学业至多就是为雇主提供可靠信息，帮助他们更好地甄别优秀毕业生？我们的观点正好相反。但我们认为 MBA 的人才培养目标需要被重新定义。当前信息时代中，"解释学变革"（Hermeneutic Revolution）正当其道，要求人才具备独特的认知、行为技能及特质，而这些技能及特质可以通过高强度的学习项目加以孕育和培植。MBA 正堪此任。

---

① 哲学术语，此处指 MBA 的育人功能对于毕业生的成功毫无影响，只不过是一种附随现象（译者注）。

"激进的结构性缺陷"之说：MBA 真的能训练管理者吗？

从"MBA 筛选机制论"的另一个视角出发，亨利·明兹伯格提出了一种激进观点（Mintzberg，2004）。他认为，"管理意愿"和隐性能力至关重要，正是它们构成了未来管理者的根本特质。这些特质可以培养和塑造，但无法显性地灌输和训练。然而，当前各种 MBA 项目在录取学生时只强调一般智力和责任感，并未对成功管理者的这些神秘特质加以重视。

此外，管理技能（如"管理意愿"，即承担责任与分担责任的艺术）是一种隐性技能，无法显性描述，而如今的 MBA 课程囿于在课堂上传授显性及认知性的知识结构和"商业信息"，因此难以"传授"或培养这类技能。

实际上，若如明兹伯格所言，基本管理技能很难清晰表述，则 MBA 项目从一开始就处于不利局面，原因是它重认知知识，轻体验知识，而且明确的表述是创造和验证认知知识的先决条件。相应地，他以赫伯特·西蒙（Herbert Simon）等"认知革命"倡导者力荐的"设计心智"为例，认为它很难在西蒙本人及理查德·西尔特（Richard Cyert）、詹姆斯·马奇（James March）等

信徒致力于建构的商学院环境中蓬勃发展，究其原因，那样的
环境偏重理论性事实知识而轻视实践技能。因此，那些响应西
蒙"设计学科"倡议（Simon，1986）的 MBA 教师陷入了一种基
于践言冲突（Performative Contradiction）① 的集体幻象：他们的行
动集合及做事方式与所秉持的理论并不一致。

对于当前 MBA 体系是否能够有效筛选出人才以及培养出具
备隐性管理技能的人才，明兹伯格持悲观态度。因此，他于
2004 年建议重新设计筛选过程（见图 I –2）。与其把 MBA 项目
视为替企业挑选人才的机制，不如让企业为 MBA 项目把关，将
传统 MBA 改造成旨在培养高级经理人的新型"职业 MBA"。由
企业推荐哪些员工适合就读这种"新型 MBA"，推荐的依据则是
员工业已证明的管理潜力，而不仅仅是通过考试结果来推测。
这样一来，"新型 MBA"的价值结构正好与现今的 MBA 相反。
既然人才市场已经解决了选人问题，教师们就可以放开手脚，
把精力放在设计教学干预方面，从而更好地实现 MBA 的育人价
值。由此，MBA 也不再为人才市场提供筛选功能。明兹伯格认
为，这样做的好处是为 MBA 教育提供一个有价值的"基体"：
入学学员的管理潜力已经被其多年的企业工作经历所证明，在
此基础上，面向人才培养的教学干预才会更有成效。

---

① 又译施为性矛盾，指言行的不一致（译者注）。

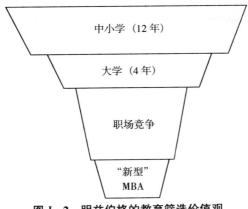

图 I −2 明兹伯格的教育筛选价值观

但是，这样做的代价是什么呢？首先舍弃的是传统 MBA 的筛选价值。如前所述，企业可能对 MBA 的选人功能寄予厚望，一旦分拆现有的 MBA 体系，将选人功能交付给企业，那么 MBA 在这方面的价值将荡然无存。纵然所用的筛选标准不尽如人意，但 MBA 在选人方面的价值仍不可小觑。即便有研究表明，除金融理论和金融工程之外，工商管理学术界对商业实践的影响很小（Porter & McKibbin，1988），但市场对 MBA 的需求热度依然持续高涨。因此我们认为，废除 MBA 现有的选人功能，转而让目前受益于此的私营部门承担这一任务，这种做法并不一定能产生正面效果。当然，我们无意指摘明兹伯格观点，通过人才培养项目为处于职业生涯中期的管理者传授新型管理技能很有必要，也很有好处。我们只是怀疑这样的项目能否有效取代 MBA。

其次，明兹伯格提议的 MBA 概念可称为名副其实的"缄默的 MBA"。严格地说，MBA 项目不再是管理特质的"制造者"或"塑造者"，而只是企业所定义的管理特质的"接受者"。因此，当把人才筛选功能转包给私营部门时，"缄默的 MBA"也同时放弃了一项重要职责，即向管理者表述管理特质和管理问题。MBA 原本应该具备设计管理语言的功能，为未来的管理者提供新的语言来表述当前语境下难以表述的问题，而现在却放弃了此项功能。原因就在于明兹伯格提出的假设：管理技能无法明确表达，只能通过隐性方式加以辨识、培训，而衡量人才是否具备管理技能也只能通过隐性的途径，即观察企业是否愿意年复一年地送管理人员入读"缄默的 MBA"（Mintzberg，2004）。

明兹伯格把管理技能的隐性特征作为其论证的基础，我们无意否认其重要性。实际上，第一章在论述我们自己的重构思想时还会强调这一点。然而，放弃 MBA 的管理设计功能，有可能会得不偿失。除了极少数例外，管理实践者通常不擅长将他们自身的优秀特质恰当表述出来（Barnard，1968；Grove，2001；Sloan，1964）。无论是从社会还是文化的角度看，MBA 属于一种间接体验型学习模式，因此管理实践者本身并不适合承担管理设计的功能。概念和理论会出错，应用不当也会导致适得其反的结果。现今的商科学者却过分夸大它们的重要性，以至于那些隐性的、难以言说的管理技能反而被忽视；对理论和概念不加审慎地滥用只会妨碍个人和组织的发展。但是，正如库尔特·

勒温（Kurt Lewin）所言，"好思想最实际"。的确，没有什么比认知图式（Cognitive Schema）更有价值，它指导合适的人在合适的时间去关注合适的变量或现象，以浓缩、易传播的方式凝练他人之经验，使接收者有所裨益。在一定程度上，"缄默的MBA"因强调管理技能的隐性特质而阻碍了理论世界对管理实践的严谨表述，因此也就贬抑了如今在商业领域中占有极为重要地位的认知性知识的作用。

对于当今 MBA 而言，是否能够在吸收明兹伯格思想精髓的同时，避免丢失其筛选人才的功能以及作为"知识主体"的角色？这就需要重新界定"知识的目的是什么"，重新界定工商管理学者正在从事以及可以做的事，也需要重新界定 MBA 在目前状态下可以承担的人才筛选的完整价值。我们认为，一旦筛选人才被确定为目标并孜孜以求，那么以目前模式运作的商学院就可以将其作为稳定的价值基础。我们还认为，认知知识的创造和验证过程本身就代表了可传授的认知–行为模块，是有用的管理工具。对于管理教育而言，管理技能中"隐性部分"依然存在而且十分重要，持续不断地创造和验证认知知识才是管理教育持久的价值源泉。

"象牙塔"之说：MBA 与实践相关吗？

　　沃伦·G.本尼斯和詹姆斯·奥图（Bennis & O'Toole，2005）对 MBA 的批评集中于 "MBA 复合体系"（MBA complex）的结构，该体系由社会科学领域的学者组成，他们近乎垄断着商学院里的教学和研究工作。在 MBA 教育过程中，他们应用系统的科学方法来解决心目中的 "商业问题"。所谓科学方法包括如下过程：首先提出关于管理者、企业和市场的理论假设，其次收集数据来表征研究现象，最后利用这些数据验证假设。

　　这一过程中首先存在常见的学术诚信问题。用克里斯·阿吉里斯（Argyris，1993a）的话来讲，商科学者 "所信奉的知识理论" 与他们 "实际使用的理论" 并不一致，往往带来知识诚信的问题。即便把它搁置起来，本尼斯和奥图仍追问：将科学方法作为进入工商学术界的唯一 "门槛" 是否有意义？他们指出，学术界建立了一种制度，只有在同行评审的 "顶级" 学术期刊上发表文章的人才有可能获得终身教职，从而把那些不按 "假设–演绎" 模式创造知识的人拒之门外，其结果就是商业学术与企业的隔离，以及相关性与有效性（学术审稿过程中通常将信度视为有效性的代表）的分裂。在个人及组织相关理论的背景下，一味认定知识是可明确解释的可重复研究的结果，往往导致商业实践者的"真实问题"被忽略。对于那些管理实践者、那些教学出众或只在《哈佛商业评论》《加州管理评论》这类"实践型刊物"而非同行评审期刊发表文章的教师，商学院的终身教职和研究教席始终难以企及。于是，工商知识的传播完全被那些与实践不相干的学术人士所把持，而他们的想法通常也与实践风马牛不相及。

为此，本尼斯和奥图试图从法学院和医学院中寻找改造"MBA 复合体系"的灵感。他们认为，法学和医学在研究、教学和实践之间建立了良好的相互促进关系。医学领域的研究者和教师能够参与富有成效的临床实践，从而将他们的研究应用于实践相关的问题，同时将他们的教学同真实病例结合起来。法学教授可以在私营组织或政府机构中从事法律实践工作，正是这种实践为他们的理论提供了论据。所以，本尼斯和奥图呼吁改变工商学术界的制度规则，使实践者和实践型研究人员得以任教，并赋予他们与"纯粹"靠学术成果取得终身教职的同事一样的决策权。

本尼斯和奥图的改革方案基于对法学院和医学院培养实践人才有效性的乐观态度，但是管理者和律师、医生之间存在巨大差别。事实上，没有 MBA 学位的人可以成为管理者，而没有法学或医学博士学位的人则无法成为合法的律师或医生。"科班"出身的律师和医生在各自领域的关键实践环节享有垄断地位。

只有取得资格的律师才可以上法庭进行辩护或从事法律文书工作，也只有获取资格的医生才可以合法地诊断或医治病患。相较之下，并没有任何法律禁止非 MBA 管理企业，而且很多成功商业范例恰恰来自没有读过 MBA 的企业家。我们可以通过"管理人才的市场"来判断 MBA 毕业生的相对价值，但却无法通过"市场机制"来判断法律和医疗服务的市场价值，如比较科班律师与"非科班律师"或者科班医生与"非科班医生"的优劣。这样一来，我们无法通过实验方法来判断医学博士学位对医生的价值，因为不存在可以被当作控制组的合法的"非科班医生"，也就无法进行控制组与实验组的比较。如果医学教育实际上阻碍了培养"良医"所需的人性及职业教育，那我们也无从得知。这一反证动摇了本尼斯和奥图的观点，原因在于他们所谓的医学和法学教育"成功故事"恰恰仰赖于两个学科体系各自的结构特征。相较之下，现今的 MBA 教育本身倒是一个成功典范，它在经历了严苛的市场考验之后仍岿然不倒，而"MBA 复合体系"也随之而兴盛。

　　另外，人们也可以这样解读本尼斯和奥图的观点，他们是以法学和医学教育作为研究与实践共生共荣的榜样，认为 MBA 应该相仿相效，以求摆脱"象牙塔"精英深陷于其中的非相关性陷阱（Bennis & O'Toole，2004）。只是这样的变革观点更缺乏说服力，原因在于：尚无令人信服的证据表明为了获得更强的实践相关性就可以牺牲学术严谨性，尽管这一话题值得深入探讨。

此外，两位学者还忽略了一个反例：工程教育面临与 MBA 类似的"行业环境"，没有限定实践者的垄断地位，非工学学位获得者一样可以从事工程设计。长期以来，工学院源源不断地为业界输送既是工程师又是高科技行业企业家的毕业生，从这方面来看工程教育成就斐然。然而，工学院的核心终身教授通常既不是实践者，也不发表实践型论文。事实上，被工学院奉为终身教授遴选"黄金准则"的 IEEE Transactions 系列期刊，例如 IEEE 通信学报，IEEE 信息理论学报，IEEE 信号处理学报，IEEE 电路与系统学报，IEEE 地球科学与遥感学报，IEEE 微波理论与技术学报，IEEE 系统、人与控制论学报，IEEE 无线通信学报等，上面刊登的论文大多与"工程实践"无甚关联。

为了追求分析的便利性以及逻辑上的清晰性，工程设计问题的学术表述通常与"现实中"工程师遇到的设计条件不一致。工程学的"热点问题"通常也不是工程实践的"热点问题"。尽管工程学界在分析问题方面有点剑走偏锋，但工程教育整体而言仍然是成功的，原因在于工程研究所需的认知和行为技能与解决"工程实践"问题的技能密切相关。

如后文所述，工程教育的成功在于提供理论和事实"知识"的同时，也一并传授有用的"技能"。竞争环境中，教育的成功既不是把"实践者"纳入学术"权力核心"，也不是把"实践问题"纳入学科"认可的问题库"（这些正是本尼斯和奥图对变革 MBA 体系的建议），而是将解决"工程学术问题"与"应用型工程问题"所需的技能合二为一。在工程领域，有用的学术研究技能与实践技能在某些方面具有同构性，而我们将证明商科同样如此，因此传授有用的学术技能（如论证、写论文和出书）时也将传授有用的实践技能。

如果我们的观点是对的，那么也就解决了本尼斯和奥图所提建议的最大缺陷，解决了其可行性问题。在缺乏直接市场激励（目前确实如此）的情况下，商科的终身制学术权力核心为何要改革学科构成，将大量决策权拱手相让于那些不属于同一套话语体系的人？那些常常把精确性、分析的严谨性和结果闭合性（Closure）奉为圭臬、"温饱不屈"的学者，为什么要在内部一致性和外部有效性两者之间有所妥协？为什么要为了配合只习惯于用事例、直觉、猜测和难题来表达思想的实践者，而放弃前提、假设初始和边界条件、关键性检验？显见，MBA 体系得为此付出多大的协调和政治成本？

诚然，本尼斯和奥图的建议是针对商学院院长们提出的，但即使院长们从心底里认同这个提议，他们又该如何说服资深教授们？纵然我们承认理论与实践脱节是工商学界面临的问题，但解决这个问题仍需重新界定工商学者的角色，重新认识商业领域的学术知识对于实践的作用。我们将就此话题展开讨论，提出一些方法，令当今的 MBA 教育体系既能够保持实践相关性，又能够使未来的管理实践者从学术核心中获益。

"职业操守沦丧" 之说：MBA 这一制度会长期存在吗？管理者这一职业会长期存在吗？

　　菲佛和方（2004）批判了那些试图证明 MBA 投资价值的研究（在菲佛和方 2002 年的文章中有所引用），他们认为这些研究仅凭财务价值而为 MBA 开脱。两位学者指出，正如很多商学院今时今日所为，MBA 成了快速生钱机器，长此以往必将对学生的职业操守、求学者的动机、品性乃至教师的动机和行为产生负面影响。商学院之间你争我夺，以毕业生的财务投资回报作为竞争力的评价指标，这种竞争局面破坏了整个学科的职业操守，也因人所共知的信息不对称和行为失当问题而产生了逆向激励。菲佛和方试图将 MBA 项目及其学生的工具主义心态与近年来 "伦理灾难" 的泛滥相联系。深受这种社会因素的影响，投资者对上市公司的信心有所动摇，而公众也对管理者的道德操守提出了质疑。

　　商业世界唯金钱是图，正在侵蚀公众对管理职业的信任，也使 MBA 体系中的职业精神核心分崩离析。求学者崇尚金钱和职业成功，置组织生活和工作的其他潜在回报于不顾，然后自我选择报读 MBA。而商学院的广告宣传手册又强调金钱和成功是

MBA 的有形回报，更为这一自我选择推波助澜。以分数为导向的竞争风气，加上学生自身的工具主义倾向，使得教育质量下降，不道德行为时有发生。学生为了高分而不择手段，罔顾分数所代表的真正质量内涵。此外，学生满意度成了衡量教学机构业绩的关键指标，竞争激烈的商学院尤甚。学生满意度也成为评价教师的关键指标，往往导致学术质量标准下降、教学效果缩水，MBA 课堂成了"娱乐节目"现场，"信息娱乐"大行其道。自我驱动的恶性循环开始出现：高额回报吸引追名逐利之辈对 MBA 趋之若鹜，反过来加剧了以分数和排名为导向的竞争，道德标准、学术诚信、个人成就与合作精神则被抛在了一边。由此，职业操守沦丧的现象愈演愈烈，也正因为如此，菲佛和方的观点才会在学术圈一石激起千层浪。

不知道菲佛和方是否意识到，他们对 MBA 职业操守缺失的批评也触及了其筛选价值和人才培养价值。低下的职业操守和学术诚信损害了 MBA 的人才培养价值；学业标准降低、分数掺水、"信息娱乐"泛滥，学生作弊之风渐长，而学院则惩戒不力，凡此种种，使得 MBA 教学的分数和学业成绩对潜在雇主的信息性价值大大降低（Pfeffer，2006）。这样一来，MBA 仅剩的价值就是为市场提供了一种基于录取标准的、有效的人才筛选机制。这一机制的好处是以一般智力和责任感作为其判断依据，但不可避免地带来隐患，尽招收了些工具理性的忠实信徒。当然，MBA 学位依然被人才市场所看好，可能正说明自私自利是 MBA

毕业生的有用特质之一，而不是选择机制本身的缺陷。

菲佛和方认为，应该借鉴几百年来学术界行之有效的做法，通过制度印记（Institutional Imprinting）① 的标准工具来重建商业研究和教学领域的职业操守。商学院应该有这样一种自我认识，它是由学者所构成的高校院系，而学者们的既定旨趣即在于传授和培养学生的"终身学习能力"，使其整个职业生涯都能从中受益。由于这种能力的价值难以直接测量，是 MBA 学习体验所隐含的复杂因果关系的一部分，如果以此重构 MBA 的目标，那么无论是对学生个人还是对 MBA 教学机构而言，MBA 学位的即期成本和收益就不再重要。这样，当申请人决定是否就读 MBA 时，就必须考虑 MBA 的某些内在价值或长期价值，唯有如此，MBA 才能吸引到那些关注学习的长期价值而非短期回报的学生。

这项建议的缺点是实施起来困难重重，其实施取决于各商学院是否有能力和意愿共同引入这种以长期价值为导向的衡量标准并将之制度化。实施此项改革的商学院很可能短期内的竞争排名会有所下降。此外，视商学院为传统学术院系的观点也可能受到其他院系的抵制，原因是它们从这么一个"不怎么严谨"的学院所带来的利润中获益可观，因此也总是把商学院视为一个特殊的存在，这种看法很难被改变。

---

① 根源于生物学的印记理论（Imprinting Theory）指出，个体及组织会受到其建立之初的制度环境因素的影响，被打上环境特征的印记（译者注）。

即使把上述难点都解决了，菲佛和方关于重建 MBA 职业操守的建议还面临着一道绕不过去的坎：MBA 培养的"终身学习能力"到底是什么？当前 MBA 教师该如何培养学生的这项能力？回想本尼斯和奥图关于 MBA"象牙塔"的批评，理论研究与实践之间的鸿沟让人怀疑 MBA 教育是否能传授与商业实践相关的终身学习能力，所以挑战甚巨。对此我们已经有了应对之策。我们认为，学者们所从事的研究工作，例如提供表述、质询和验证逻辑，对于管理者是有价值的，而且其价值会与日俱增。通过厘清科学逻辑以及商业逻辑之间的关联，我们将总结出商业学术研究工作的某些特征，以此作为菲佛和方所构想的终生学习体验的实现基础。

"邪恶的解释学循环"之说：MBA
对商业和社会有益吗？

在苏曼特拉·戈沙尔（Ghoshal，2005）看来，MBA 根本"不利于商业"乃至社会，因为它所教化出的是适得其反的情感、行为趋势和认知习惯。戈沙尔提出"双重解释"（Double Hermeneutic）观点：学者们提出关于人、组织和社会中的描述性理论，加以表述、验证和传授，声称这些理论是"所见即为实"；然而，这些理论本身却蕴含着隐含的且未受检验的假设前提，比如关于"人性"以及人性显著特征的那些典型比喻，关于生产和交换的可行机会集合，关于人类交互结构化和解构的可能性范围等。由于以科学精神来培育专业人才的"科学主义"占了上风，我们也从来不会公开讨论这些假设前提。究其原因，公开讨论这些隐含的假设就意味着不得不承认相异本体论和形而上观点间的差别对于理论的重要性，而早在 20 世纪初，"正统科学家"就把此类话题"从科学殿堂清除出去了"。仅仅倡吁主体间认同的事实陈述（或科学家们所尊奉的"数据"），是无法解决此类问题的。一旦打开这个话匣子，将损害社会科学好不容易树立的"科学"形象。因此，规范性的假设前提就堂而皇之并误导性地变成了描述性"真理"。

戈沙尔以代理理论为例对此加以说明。代理理论的假设前提是管理者只关心经济利益，而且总是与雇主处于紧张对立关系。代理理论学者将企业理解为用于解决管理者和股东之间永久存在的潜在利益冲突的合约化适应性机制，他们的实证研究兴趣也围绕管理者–股东激励一致性对企业财务价值的影响。由此，他们为商学院的财务系和管理系开设了一些很不错的课程，教导学生如何设计聘用和交易合同。只是在传授这些看似已经由经验确证了的、有用的规则和启发之余，代理理论的学者们也会隐含且"不加讨论"地把关于人性的悲观态度灌输给学生。

戈沙尔认为代理理论有基本的假设前提，比如"人有物欲，钱可购物，故人有钱欲"，"人可用较少之某物（如正直）交换较多之他物（如私欲）"。讨论或批判这些基本假设是成问题的，会引发"科学方法"无力平息的争论。所谓科学方法，就是提出假设，指出何种条件下这些假设不成立，寻求显示这些条件的数据，仅在没有发现这些数据的情况下才得出假设成立的结论。此外，对假设前提的讨论还将引发形而上学、认识论、本体论的道德纷争，而当前的学术话语无法应付如此广域的话题。

因此，戈沙尔用决定论的方式来理解代理理论的悲观假设前提。一开始理论学者提出这些假设，目的是找到易于分析的概念工具，有利于进行经验检验。但是，在讲授理论的过程中，讲授者将这些假设前提视为强制规范，而不是对现实的描述，从而造成了这些假设前提的自我实现（Self-fulfilling）。教授们告诉学生"人有钱欲"，结果管理者就把金钱看得比什么都重要；信奉交易成本经济范式的组织理论的教师告诉学生"（多数）人自私，不老实"，于是管理者就真的变成自私的人。理论假设的自我实现本身就是一项可验性假设，且已经得到了检验。罗伯特·弗兰克、托马斯·季洛维奇和丹尼斯·里根（Frank，Gilovich & Regan，1993）的研究发现，相比其他学科的毕业生，受过以人性自私作为公理基础的微观经济分析训练的毕业生与他人合作的意愿要低得多。显然，戈沙尔并不知道这项研究。

人性可塑，这为戈沙尔的双重解释观提供了潜在依据。但是，无论是戈沙尔对"主流管理理论"的抨击，还是他的规定性结论，都与其分析不符。首先，以代理理论为例，该理论有足够的概念灵活性，在保持其理论有用性的同时，能够容纳更宽泛而且铜臭味不浓的人类行为假设。我们可以不谈"生物本能""社会原因"或"文化或社会规则"，而是继续将基于最大化原则的选择作为理解人类行为的基本机制；把"金钱"替换成"价值"（无论个人对价值作何理解）；修正替代原则，把不同商品（如"正直"和"金钱"）之间因无穷替代率而导致的奇异性考虑在内；在股东-管理者合约中加入通常被分布式合同排除在外的价值创造边界。这样就能重新设计一种可用于指导组织设计和管理实践的代理理论（Moldoveanu & Martin，2001）。

在戈沙尔看来，目前的组织理论充满危害性但又呈一统天下之势。对此，他隐含地使用了皮埃尔·迪昂（Pierre Duhem，1913/1989）的"证据对理论的不充分决定性"理论，以此驳斥现今组织理论的无可辩驳性。正因为如此，他所断言的"错在理论"是有问题的。错不在理论，因为理论可以被修补、改良、完善，直到最终被改变。学者之间、学者与研究对象之间的丰富交互，有助于理论的完善过程。从这个意义上讲，戈沙尔关于重启多元化学术互动的倡导亦言之有理，但这并不能解决他所谓的双重解释问题。公认的本体论和认识论假设之提出，是作为便利性的简化措施，从而允许微妙的制度化协调游戏，而学科或者交往共同体（Communication Community）的话语边界很容易"受限于"这些假设。多元化自身则无法保证扩展这些话语边界。有关这一现象的两种不同观点，可参见菲佛（Pfeffer，1993）和莫尔多韦亚努（Moldoveanu，2002）的文章。至于戈沙尔所呼吁的工商管理学术多元化，也不能够解决当今管理者所面临的具体问题。

戈沙尔的诊断分析和解决方案之间少了"一个概念联结"。他的诊断分析简单建立于理论决定论基础之上，就算在他自己的认识论观点面前都无法站得住脚。尽管如此，我们还是赞同戈沙尔的直觉判断，"科学的自我误读，将黯淡的意识形态转换为规定性科学"，由此产生双重解释问题。我们将指出，即使这不是 MBA 共同体所面临的主要问题，本体与认识论的多元化倒是能帮助我们解决 MBA 的核心问题。

要谈 "MBA 的未来"，先说 "未来的 MBA"

以上，我们对 MBA 的各种批评观点进行了简略评述，从中得到了一些启发。首先需要认识 MBA 的两种价值：一是 MBA 的筛选价值，即为管理人才市场提供有用的信息处理功能；二是 MBA 的人才培养价值，体现为识别、开发和提炼对当前及未来的组织决策者有用的技能。如果没有区分这两种价值，那么分析的效度和说服力会大打折扣。即使承认理想状态下 MBA 应该为学生和潜在雇主提供显著的人才培养价值，然而单凭其筛选价值就足以令 MBA 立足。我们已经表明，MBA 的录取标准——一般智力和责任感——确实与个人职场表现相关，而且相关程度之高已然达到社会科学中似律陈述的统计验证标准。虽然承认 MBA 的筛选功能，但批评者却认为，相对于依赖标准化考试和学业记录的商学院，企业和人才市场在选人方面可能做得更好。与此同时，这些批评者也对 MBA 的人才培养价值缺乏信心。然而他们应该认识到，MBA 毕业生的市场价值一直以来都很高，这意味着市场对 MBA 在学生职业生涯的某一时刻所承担的筛选功能颇为期待。当然，承认 MBA 筛选价值对学生和雇主决策的重要影响，并不意味着就没有了改善空间，我们仍然可以通过重新设计来提升 MBA 的价值。实际上，MBA 是一种筛选功能，从而也是未来管理者的塑造者，MBA 项目的自我认知是否已经明确了这一点，尚未可知。

据我们所知，迄今还没有关于 MBA 筛选标准与长期管理绩效及组织绩效的相关性的严谨分析。一直以来，MBA 沿用以往的录取标准，与高等教育所使用的录取标准并无区别，这一做法已被制度印记化，从未受到挑战或质疑。另外，心理测量技术有了长足进步，可以有效测量性格特征、大脑前额皮层功能、感知敏锐度、思维开放性、自我行为控制和认知控制等大脑执行功能的有效性以及这些特征之间的相互作用，并且将测量结果与人的行为表现建立相关关系。与此同时，管理技能和管理智慧的基本构成要素已经被分析、分解为典型技能集，由此可生成更具体的管理潜能测量项。然而，这些人类行为表现测量领域的进步成果迄今还没有被 MBA 教育共同体所用。事实上，没有一个教育共同体对此有所关注。

那么，就提供排名而言，责任感和一般智力是否堪当筛选未来组织管理者的最佳标准？要回答这个问题，我们需要有一个"未来的 MBA"的概念，以利于讨论当前 MBA 的未来。为此需要回答以下问题：我们到底要解决什么问题？进化到未来，MBA 的筛选目的又是什么？什么样的典型个人特征与 21 世纪的管理典范有关？如何利用当前最好的心理测量技术来测量这些特征？这些问题表达了我们的使命陈述。唯一与此使命陈述相关的是，我们可以判断不同或者互补的人类能力和绩效测量方法的相对价值。而市场无法担当表述此类使命的重任。

以上问题的答案不仅关乎如何提升 MBA 的筛选价值，而且对于如何提升未来 MBA 的人才培养价值也极为重要。筛选机制和排名指标决定了什么样的申请者适合入学，因此，我们需要明确表述未来的 MBA 旨在培养和提炼什么样的个人技能和倾向，并准确说明这些技能和倾向将如何为现今和未来的组织创造价值。在对 MBA 进行实质性地批判和重构之前，首先要有一个未来的"高价值决策者"的观念。为此，我们在第一章明确表述并论证未来的"高价值决策者"这一特定概念，并分析哪些技能和特质令这种人才有别于当前 MBA 课程及设计理念所塑造的成功管理人士。我们将表明，鉴于当前的教育环境、筛选技术和课程体系，这种未来的高价值决策者将会供不应求，而高价值决策者必须解决的问题可能正是由当前企业组织所在的社会及文化环境所造成的。在第二章中，我们将阐述为何当前的 MBA 教师和培训项目无法培养出高价值决策者，并试图从管理学基础学科的群貌、工商管理学术领域的制度和微观激励结构以及教育者的认识论倾向等方面寻找问题根源。

在第三章中，我们将提出一个出人意料的观点：无须对制度结构进行大刀阔斧的改造，商学院的学者们依然能够主导培养未来高价值决策者的重任。事实上，高价值决策者的培养可从社会科学学者自身的方法和技能获益良多，如果学者们传授自身所为而不是所知，那么未来 MBA 的培养价值将显著提高。然而，要达到这一目的，我们就需要重新界定知识和学习的本质，并重新理解教师在创造知识、促进学习中应该承担的角色。

第一章 整合思维者

展望后现代高级资本主义阶段的高价值决策者
这是我的方法，你的方法是什么？还没有出现。

——弗里德里希·尼采（Friedrich Nietzsche）

《查拉图斯特拉如是说》

人们通常认为，劳动力市场及经理人市场对于哪些要素构成有价值的 MBA 项目具有决定作用。也就是说，管理人才市场决定好的 MBA 项目应该是怎样的，或者决定 MBA 学位的价值。那么，为何还需要我们在此长篇大论来讨论 MBA 的未来？这样做是否真的有用？答案在于决定者与设计者的区别：长篇大论的目的在于表述，而这是人才市场无法替代的功能。我们将提出一些新的范畴和概念，从而为未来的管理学徒和教育者提供切实有效的指导。

市场擅长对清晰定义的可能结果赋予价值，比如为不同项目、不同学校培训出来的经理人确定薪酬水平；市场也擅长评估这些结果的各类获取途径，比如对 MBA 及其他包含具体"价值测量"的培训项目给出独立排名；市场还擅长给出特定事件的准确点预测（Point Predictions）[①]，比如某个项目的排名如何变化。但是，市场无法产生使未来管理者成为高价值决策者所需的新观念、新范畴。市场是观念的接受者，而非缔造者。市场所能做的，就是根据期望经济价值来评价给定的概念和想法。因此，思想创造者、教育领域的风险投资家、教育家必须"当仁不让"，担负起表述新观念的责任。这也正是本书希望完成的任务。接下来，我们对本章标题稍作语义上的解释。

"后现代主义"：为什么是"后现代"？

我们无意批判现代性及其多样的文化、知识和技术后裔，而是希望强调近来迅速蔓延的一种现象：原先的知识、欲望、信仰和行为领域的合理性绝对规范开始湮没。这种现象被让-弗朗索瓦·利奥塔（Lyotard，1979）称为"主体叙事"的终结。自由放任资本主义、实证科学、洛克式自由主义、集权主义的黑格尔派及后黑格尔派等趋于式微，众多思维方式、行为模式或

[①] 点预测，区别于区间预测，是指预测某个变量的数值（译者注）。

"生命形式"则开始涌现，各行其是。在现代企业中，多种价值体系、认知方式、行为和关联方式、管理方法以及对它们的不同选择机制都可以共存。在后现代社会，不证自明性已经消亡：没有一种方法具有显著而普遍的有效性。范式单一性（Monoparadigmaticity）成了文化遗产，纵然在很多组织和机构中，人们对它还保留着情绪寄托，在许多细分学术领域中还能瞥见它的踪迹。当新的多元化趋势来临，人们的反应往往是恐慌、迟钝、不安、失控或者意志薄弱，出现涂尔干式的失范①，或对核心价值观和生活方式的摇摆不定。对于决策者而言，已经不存在广为接受的、合理合法的原因、价值观、原则和方法。他们必须做出艰难选择，并且只能根据选择所引致的行为来判断自己的选择是否合理。因此，合理性是生成的，而不是给定的。

为了在全新的社会文化环境中获得成功，未来的管理者必须在确定性和行动理由的不证自明性崩塌的情况下依然果敢行动；在被多种迥然不同的思维方式冲击得头晕目眩之时能够自如思考；当对"数据"的不容置疑性及其在构成行动理由方面的终极意义产生怀疑时，能够训练有素地开展实验并表述实验的结果；他们还必须对自身的行为基础保持坚定信念，从而能够激发他人的正确动机；必须有足够的行动力以树立对自身及他人

---

① 失范，原文为 anomie，由法国社会学家涂尔干（Emile Durkheim）引入的社会学概念，指个人自由的无度而对规范形成了冲击（译者注）。

的正确信念，同时避免陷于认识和道德上的相对主义，不要让自己对美好结果的信念被这种思想所摧毁。未来的管理者必须有能力消化吸收多种不可通约的世界观之间的冲突，将之内化为自己主观世界的一部分，并有效地解决这些冲突。

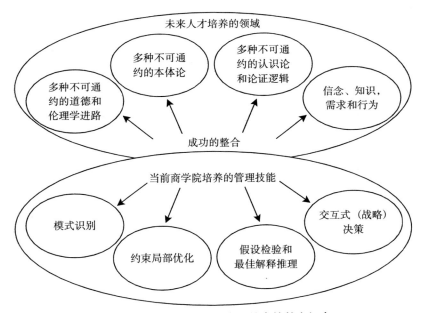

图 1-1　后现代高级资本主义社会的教育机会

我们认为，管理实践所面临的后现代情境，事实上是已经困扰了认识论和分析哲学核心几十年的老问题，只不过现在这些现象开始渗透进入组织及管理实践领域。这一渗透趋势产生了一些影响力巨大的结果，我们相信这些结果将塑造未来的管理及组织形态。

本体论的相对性

奎因（Quine，1951）提出，当我们用语词表达世界时，将一种表达方式翻译成另一种表达方式的过程中存在着根本的不确定性。学者们用不同方式来表征组织。例如，将组织视为利己的委托人与代理人之间的一系列合约的联结（Jensen & Meckling，1976）；新古典经济模型将组织理解为一种略为机械性的生产函数，其功能是汇总投入的要素从而获得高于成本的收入；组织既可以是个体之间的关系网络（Burt，2000），又可以是确定性耦合或者或然性耦合的活动集之间的关系网络

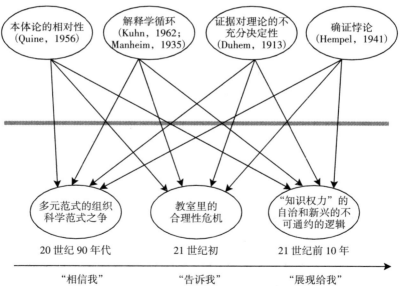

图 1-2　1990~2020 年的商业教育和管理实践的合理性危机

(McKelvey，1999)；组织也是基于权力的关系集合（Pfeffer，1978）；可以是知识和学习共同体（Argyris，1993a；Moldoveanu，2002）；等等。而管理者则把组织理解为机器、有机体、大脑、心灵或者族群。可参考摩根的文章（Morgan，1997）以了解各种常见隐喻在构造组织以及组织方式图景中的作用。

奎因关于翻译的根本不确定性的观点指的是：这些不同表达方式通过主体的管理行动而呈现，寄居于各自分离的实在（Realities）中，彼此之间很难互通。比如，机器如何与大脑对话？机器如何与心灵产生联系？"合约关系"语言难以完全归约为"生产函数"语言，也无法归约为"活动集"语言。而"自然选择机制"理论也缺乏易辨识的概念空间来容纳组织的"网络"理论，反之亦然。

管理者理解管理问题，或者说，他们即使未必理解，也"生活在其中"。那么这些不同的表达方式对他们而言究竟意味着什么？这意味着他们必须基于形式有效论证而非可靠逻辑（Sound Logical）论证进行选择。所谓可靠逻辑论证，是指从无可争议的有效前提推理得到无可争议的有效结论。相反，形式有效的推理无法确保前提的有效性，而只能够保证前提的真值传导到结论中去，如果前提错了，那么结论也是错的。所以说，管理者自身需要付出努力去获取或生成"可靠性"。管理者可以用不同的方式来理解他们的工作任务、活动、角色、关系以及目标，但选择哪种方式却异常艰难，因为并不存在无可争议的正确前提，也就意味着他们无法基于前提的正确性来确证自己的选择是否合理。"这是我的方法。"尼采笔下的查拉图斯特拉说，"你的方法是什么？还没有出现。"用杜威的术语来讲，正确性逻辑必然被改良主义逻辑所取代：管理者的目的不是选择完美或正确的本体论或方法论，而是选择更优的本体论。当然，即使要接受改良主义的质疑，那么我们在将本体论选择视为管理者应该具备的核心能力之前，首先也需要理解并接受本体论选择的概念及相关问题。

在科学（Kuhn，1962）和社会政治意识形态（Mannheim，1935）的发展过程中，人们发现了"理论→方法→观察→解释→新的理论"的解释学循环（极少数情况下被称为螺旋），它强调：表达世界、调查世界的方式与干预世界的方式相互耦合、相互关联。这种耦合与关联发生在库恩（Kuhn，1962）所说的范式层面上，曼海姆（Mannheim，1935）则声称这发生在意识形态层面。你知道什么？你如何知道？你认为什么是真实的？你认为哪些事实可以构成知识？这些问题都相互缠绕在一起。本体论选择与认识论选择相互联系，然后它们又与主体所要解决的实践问题相关联。人们通常很难确定等效的判断标准去判断两种以上的范式或意识形态，因此也就不可能提出一种跨范式的衡量标准来评价理论质量。每种范式只有在其自身的认识论理性范围内才有意义。

我们可以这样去理解后现代的管理活动：在多种范式相互竞

争的环境中，设计成功的行动方案，形成自主推动、自我封闭的解释学循环。例如，表面上看来，工程部门与市场部门常常就产品特性和交货时间等具体事务发生矛盾和争执，但本质上却是因为两个部门的员工有着不同的利益主张。部门之间有关具体事务的协商其实是两者之间的利益平衡过程。然而，即使只是稍稍比较这两种文化背景下个人的话语和交往空间以及行为体系，就能发现他们在使用演绎、归纳及溯因逻辑方面的差异。他们在论证可能或期望的行动方案时，对观察性证据和过往个人经验的依赖程度不同。在工作场所和组织环境中，他们使用不同的操作性本体，一方用"任务""项目""理论"和"模型"，另一方用"关系""承诺"和"感知"。他们所偏好的论证方式也不同，一方习惯基于狭隘的假设集合进行深度的逻辑推理论证，另一方则倾向于基于宽泛的假设集合进行浅层推理论证。正如弗朗西斯·培根（Francis Bacon）所说："人类要控制自然，首先要尊重自然。"要想沟通两者并解决两者之间的根本性差异，首先就要理解这些差异是什么，否则，最终得到的讨价还价结果无法令当事双方信服，也没有什么意义。因此，对于成功的管理者而言，处于多种解释学循环平行共存的世界里，就需要能够从本体论、认识论、逻辑以及实用层面同时接纳每一种循环。我们认为，这才是新世纪所有的管理者和教育者都将面临的挑战。

观察陈述对理论的不充分决定性（Duhem，1913/1989）以及原始感知对观察陈述的不充分决定性（Anderson，1978），使得理论和模型的选择仅部分依赖于数据，而对数据的表述却必须依赖于理论的指导（这种依赖也可能是无意识的）。1913 年，皮埃尔·迪昂提出，数据无法充分性地决定理论。即使数据反驳理论（即数据所表明的事实的真值与理论的逻辑推理结果真值相反），依然有可能通过修改假设、修正测量工具的理论基础等方式来拯救理论。这一观点用了将近 40 年时间才在英美哲学界占有一席之地，但如今美国的社会科学以及商业研究领域还迟迟不肯接纳它。

假设我们是管理者或组织设计者，也认同"最大化股东价值"。难道我们就会为了聚焦业务以及在首次公开募股（Initial Public Offerings，IPO）前夕获得更多现金而剥离那些虽增长停滞但依然有利可图的业务？或者，为了整体收入和短期盈利的最大化就应该保留甚至是继续投资老化业务？有一种"理论"认为，股东热衷于产品和市场的"纯粹游戏"，会惩罚那些剥夺他们选择市场进行投资的决策权的企业。这一理论得到了某些事件研究的支持。这些研究表明，剥离非相关业务的企业会得到股东的青睐，其股票价格会上升。该理论也得到投资者自我最大化行为模型的支持，其中，决策权之所以有价值，是因为其包含着"改变他人想法的选择权"以及"控制力感知或幻觉"。据此，资本投资的决策权应该交给投资者而不是管理者，原因是管理者可能会滥用这些权利，用高盈利业务赚来的现金来补贴无利可图的业务，以求降低企业的整体风险，这样一来，积极的股利分配政策就无从谈起。由此，企业的投资决策就会与股东个人的风险偏好紧密挂钩。

那么，企业应该剥离业务吗？仔细查看这些事件研究，可以发现，所有的剥离事件都或多或少地联系到被人们唱衰的产业，如老布什（G. H. W. Bush）和克林顿（Clinton）时代的美国国防工业。这样一来，同样的"数据"也可以用"必要性整合"理论得到很好的解释：企业拍卖业务部门以求价值最大化，同时保持较高分红比例，使投资者也能从拍卖中得到好处，也足够放心让管理者来支配现金。由此，企业既从收购方也从股东身上获取了丰厚利益。

在"常识"理论看来，投资者重视决策权是理所当然的事。支持这一理论的"证据"又是什么呢？行为主义者可能会大声回答："别忘了可控性偏见啊！"所谓可控性偏见，是指个体很重视对行动的控制，尤其是那些会产生确定的影响力的行动，更准确地说，他们愿意为此而放弃某些东西。行为主义者可能会举出被称为"偏见"的一个例子：当实验主体能够控制引发生理疼痛的原因时，主观上感受的痛感就会显著减弱，而如果引发疼痛的原因来自外部自发机制，那么痛感会更为强烈。我们还不太清楚这些论据是支持还是反对关于股东重视资本配置控制权的常识理论。为了引入"可控性偏见"来解释 IPO 之后的投资者行为，我们还需要讨论一下：决策权放在投资者手里有利吗？放在管理者手里就对投资者不利吗？抑或是两者兼有？首先，设想投资者缺乏信息以及获取信息的能力，这是因为他们缺乏认知技能和计算能力来识别和分析细分市场的差异性，而这些正好是管理者擅长的领域。投资者自己也深知这一点。那么是否可以假设：投资者应该理性地倾向于由管理者来进行决策，也就是把自己不擅长的事情交由擅长的人来做？当然，这个问题还需要经验的检验，但这不是关键。关键是没有一项经验研究能完全避免可控性偏见的影响，当研究者检验理论时，检验是否具有相关性或决定性的判断也无非就是一个选择的问题（Lakatos，1970）。

约翰·安德森（John Anderson，1978）扩展了迪昂关于理论与证据或数据之间的复杂、非决定性关系的观点。他提出了一条定理，指出仅凭"原始体验"（他所指的是影像，当然也可以延伸到其他观感）的现象学特征以及语言的结构特征，我们无法确定此类"体验"与对应于这些体验的"事实"之间的关系。用俗话说就是：你所说的你所见之物，并不仅仅取决于你所看到的和你所使用的语言；当你将自身经验诉诸语词，你是有所取舍的；这种选择常常受到先天理论的影响，而我们自身对此往往无以察觉。

这一看似深奥的结论其实与管理现象密切相关。例如，管理者在回忆刚刚发生的会议室里的争吵，心里可能会有若干种想法："发生了什么？其实只是技术上的问题而已，好好分析应该能解决的啊？""是不是大家表达方式不同，协作出了问题？"
"我是怎么了，难不成是饿得血糖低了？还是被大家的厌倦感传
染了？""这根本就是工作角色重叠导致的潜在冲突或矛盾。"
"哎，大概是气氛不对，改天再开次会。"以上提到的任何一种
原始感觉都对应着一个可能的行为脚本。主体选择其中一种感
觉情境，通常就会按一定内容启动其对应的行为脚本。例如，
"这根本就是角色重叠导致的问题"，这种描述情境对应的是
"组织内部的政治冲突脚本"；"是不是大家表达方式不同，协作
出了问题？"，对应的是"误会脚本"或者"争吵升级脚本"等。
相应地，这意味着主体选择情境的措辞（即主体用什么文本来
描述）并非由客观事实所决定（如安德森所说），但它又至关重
要，因为它会激活行为脚本的执行，进而对组织产生实际的影
响。

　　因此，我们认为表述者是管理者最重要的角色之一：管理者
需要能言善道，将大多数人共同的原始经验以大家都能理解的
语言表述出来。事实上，这种角色一直以来都很重要，只是在
后现代社会其重要性显得尤为突出。后现代社会环境下，世界
观更趋异质和多元化，那些机械性的或基于算法规则的管理技
能的边际价值正在减少，相对而言，表述功能的重要性就凸显
出来了。

　　确证悖论（Hempel，1941）是对归纳悖论（Goodman，1974）
的补充，它同时也挑战着基于规则获得世俗知识的做法。用什
么来确证"所有的乌鸦都是黑的"这样的似律陈述呢？"这是一

只黑乌鸦"这一单称命题就是标准答案。然而，要注意一个陷阱："所有乌鸦都是黑的"与"所有非黑的物体都是非乌鸦"这两个命题逻辑上等价，因此可以用"这是一只粉红色的美洲豹"来确证"所有乌鸦都是黑的"这一命题，因为"粉红色的美洲豹"对应于"非黑（粉红色）的非乌鸦（美洲豹）"。可见，从证据陈述到假设的联结并不坚固；这里允许模棱两可，也就意味着暗含选择性。归纳推理同样有这个问题，"这是一个蓝色的翡翠"确证了"所有翡翠都是蓝色的"这一似律陈述，但它也可以确证"所有翡翠都是蓝绿色的（bleen）"，虽然这种确证是有问题的。假设存在一个与地球平行的世界，这个平行世界中的人类有自己的一套描述色彩的语言体系。在他们的语言中，"蓝绿"被定义为"今天之前为蓝，今天之后就为绿"这样一种色彩状态，而"绿蓝"（Grue）被定义为"今天之前为绿，今天之后就为蓝"的状态。我们就可以根据归纳逻辑法则用"这是一个蓝色的翡翠"来论证"所有翡翠是蓝绿色的"（Goodman，1974）。对于习惯"蓝-绿"语言的人来说，"蓝绿-绿蓝"这一语言体系缺乏合理性，因为对颜色的预测会随时间而发生变化。同样的道理，使用"蓝绿-绿蓝"语言的人也可以驳斥"蓝-绿"语言的合理性，因为我们可以把"绿色"定义为"今天之前为蓝绿色，今天之后为绿蓝色"。由此，要通过同样的论证来建构不同语言体系的合理性，并使得两种语言体系的支持者都能信服，这是不可能的，因为从他们各自的角度来看，将对方视为不合理是理所当然的。

色彩语言之争如何体现在管理生活中呢？试想一下人际关系中首要的信任问题。A 对 B 坦诚相待，这种行为可能有两种解释，有可能 A 的目的是获取对方信任以便有朝一日欺骗获利，也可能 A 纯粹就是为了得到 B 的信任。所以，一旦观察到"当出现机会的情况下 A 不愿背叛 B"这一事实，我们既可以据此同时且等价地确证"A 真的值得信任"以及"A 试图获取 B 的信任是出于利益的考虑，为的是日后利用 B 的信任来获取不可告人的利益"这两个命题。就好像"这是一个绿色的翡翠"这一命题能够同时且等价地验证"所有翡翠是绿色的"或者"所有翡翠是蓝色的"。

商业社会中普遍存在交互认知，它有时被浅要、委婉地指称为"心智游戏"。这种认知为观察确证的模糊性提供了有利场所。双寡头模型中的一方之所以决定这些产量，究竟是因为不了解纳什均衡，还是因为没有"把模型搞清楚"，或者是因为没有关注同样的变量，还是其他原因？管理者"不得不在信息不完全、知识不全面的情况下有所行动"，这常常被当成提高信息收集与信息处理技术或"技能"的理由，但是认识到这一点其实并不重要。我们更需要关注的是，"在信息不可能完全、知识也不可能全面的情况下，优秀的管理者依然能够有所作为"。他们能够成功斩断深嵌于管理"学科"的戈耳迪之结（Gordian knots)①。我们认为，无论他们如何定义自身，后现代社会的高价值决策者都是卓越的实验主义认识论者（Experimental Episte-mologist）。

理论的价值负载

有必要进一步阐述戈沙尔对 MBA 教育的批判（Ghoshal，2005）。那些同时支撑着"描述性"社会科学和"指示性"组织科学的理论，都蕴含着不可分离的规范性成分。但这些成分往往被忽视。在学术研讨、课堂教学、公司高层会议上讨论这些规范性内容，将使讨论方向偏离"科学""分析"或"实用"的轨道，由于自身教育经历和背景的影响，现今的学者、教授以及管理者往往在这些轨道上才能"感觉自如"。然而，"感觉自如"和有效性是两码事。正如舍尔（Searle，2001）所说，即便"真相"这种看似"价值中立"的概念，也蕴含着一个规范性指令或承诺。承认真实属性，就意味着以下承诺：如果命题 P 为真，就相信该命题，或者在 P 为真的情况下，相信 P 的偏好大于不相信 P 的偏好。代理理论蕴含着一项本体论承诺，即选择是人类行为的基本单元（相关的本体论承诺还包括责任、权威和代理关系等方面）。然而，对于坚定的决定论者而言，这一本

---

① 戈耳迪之结，出自古希腊传说的成语，指难以解决的问题（译者注）。

体论承诺显然具有丐题（Question-begging）[1]和价值驱动的特性。这种情况就好比，持决定论的社会科学学者可以毫无保留地承诺用"因果关系链"来解释组织行为，但是在非决定论者以及自由意志的信念者看来，就未必如此了。

"目标制定者"与"任务设计者"，"关系构建者"和"交易实施者"，"象征性的行动者"和"合约设计者"，"创意驱动的技术大师"和信奉"太阳底下无新鲜事""万事皆政治"的人，他们彼此之间的冲突必定会超越一般意义的不一致，恐怕难以用科学以及"程式化推理"提供的常规方法来弥合。行为（及认知）理论的价值负载，使得我们之前讨论的难题难上加难：本体论、认识论、表征及方法的选择，必须考虑外在于理论的因素，尤其必须考虑那些"感觉很对"但又不可论或者难以讨论的行为动因。只靠大学老师正在使用的那些相对温和的教学方法（言说、写作、推理、论证）和呆板的研究工具（逻辑、分析、实验设计和"做学问"），我们指望着可以把什么东西教给未来的本体论决策者呢？考虑到以下将要讨论的情况，我们觉得这个问题会更趋复杂。

不同价值观和准则选择的不可判定性

道德判断，即对价值观以及准则的判断，与形成古典理性选

---

[1] 丐题，为一种逻辑谬误，指在某个论证前提中假定了结论要寻求确证的东西（译者注）。

择范式的常规判断有所不同。常规判断关注的是通过手段优化来实现既定目的，而道德判断既要考虑目的本身，也要考虑不同终极目的的相对价值。作为衡量团队工作结果的标准，公平是否比效率更重要？在重大的战略决策过程中，事实是否比正义更重要？在选择用什么手段来实现目的的时候，是否应该把选择过程和程序的美学价值也作为理性选择的一个独立目标？

这些问题表面上看来很抽象、很理论化。然而正相反，它们对管理者的日常实践有着直接而重大的影响。在设计高管薪酬体系时，个人效能和效率是否比横向公平更重要？如果是，那么在确定个人激励时就无须考虑团队整体薪酬的公平性。在对企业的尽职调查过程中，真实、有效和准确是否比政治权宜更重要？如果是，那么信息的边际效用应该远远大于深思熟虑或者搜寻信息的边际成本。在设计组织的规则系统时，除了考虑运营效率，是否还需要考量简洁、优雅之类的美学价值？如果是，那么在确定组织规则系统的有效选择标准时，似乎也应该让管理者测算一下建立一个更为"优雅"的规则系统的边际成本以及边际收益。换句话说，基于成本收益来评估具有美感的解决方案，这件事本身是否"具有令人愉悦的美感"？

正如戈沙尔（2005）所指出的，理性选择模型以及教给准管理者的很多"理论"对上述问题置之不理，因为这些理论压根就没有概念空间来容纳这些思考。而分析哲学家和道德哲学家对这些问题的关注，则肇始于伊曼纽尔·康德（Immanuel Kant），延续至卡尔-奥托·阿佩尔（Karl-Otto Apel）和尤尔根·哈贝马斯（Jürgen Habermas）的当代话语伦理学，只是他们提供的"解决方案"忽略了当代组织的实用性限制。例如，康德的普遍性道德法则认为，个体所选择的行动准则，应该是那些当其他人都遵循的情况下不会自我推翻的准则；哈贝马斯的话语普遍性准则认为，选择那些被所有利益相关方普遍接受的行动准则，前提是这种普遍接受是经过了理想的沟通或者未被权力动机扭曲的沟通方式而实现的（Habermas，1993）。两种说法像通用公理一样有着直觉上的吸引力，但是都无法保证解决方案必然存在，即使有解决方案，也无法保证能在可预期的有限时间内形成一项具体的解决方案。这显然不能满足组织中管理行动的要求，即必须跟上董事会和公司季度年报的节奏。一般来讲，对价值观的判断是不收敛的。心智宏大的管理者的智慧之处，就在于他如何理解一般来讲这个词的隐含之意：面对涉及不同价值观的难题，想要构建大范围的一致认同，就等于针对一个一般而言不可解决的问题设想出局部解决方案。

反思的不收敛

并非只有道德判断或价值观判断才遇到不收敛的问题。理性思考，或者说为实现一致目标而寻求最佳方案的思考过程中，也同样会出现不收敛的结果。管理者每天都会思考的问题是：在此情况下该怎么办？根据理性选择的传统，首先要做的就是思考该做什么，设想可能的结果、相关收益、可能的行动方案，评估行动之后各种状况发生的条件概率，计算出每一种行动的期望收益。再然后呢？标准的理性选择模型告诉我们：应该根据期望收益最大化原则选择行动方案。但是，有个事实可能被忽略了，管理者可能会想得更多。考虑到整体情况的不确定，他们可能会进行更精密的计算或者收集更多信息来减少不确定性（Lipman，1991）。因此，全局选择空间不局限于可能的行动，它还包括进一步思考的可能性，以及从另外的角度对行动的可能性进行思考。

现在，我们是否已经可以把管理者决策模型完整勾画出来？还不行。因为"对方案和事物状态进行思考"这一行为本身的回报是不确定的。管理者也可以尝试以不同的思维方式来思考他所面临的决策问题，从而最小化这种不确定性。但是，对思考进行思考也产生不确定的结果，如降低思考的不确定性这一思维过程本身就有不确定性。如李普曼（Lippman）所说，当某一轮思考的不确定性等同于停止思考并采取行动所带来的不确定性的时候，或者如莫尔多韦亚努（2005）所说，当下一轮思考的不确定性的边际减少程度被延迟该轮思考的边际成本和不确定性所抵消时，我们就应该停止思考了。但是请注意，我们所讨论的这种管理思维的特征并不是理性决策的典型思维方式，而是一种独特的大脑执行功能，它能够监督思考过程本身的结构、动态变化和效用，并能够对战略决策的思考过程进行控制。

现在我们可以得出结论："有一项高价值的技能既不是当前 MBA 所培养的，也不是 MBA 筛选人才时所关注的，甚至还无迹可寻。"而我们将继续推进讨论，关注这项技能的本质。即使是对于复杂环境的基本决策过程，这项技能都具有显而易见的价值。但是我们很难用语言去表述它，更遑论如何教学生掌握这种技能。这些困难与当前的高等教育情境有关，因为目前人们认为只有那些算法化的职能和技能才能被传授给学生。下文将指出，现今组织环境的特征就是算法技能的边际价值正在逐渐减少，而能够成功整合平行共存的多种解释学循环的能力正变得越来越重要。

"高级资本主义"："高级"在哪里？

我们无意抬高资本主义，无意强调它相对其他生产组织和产品交换方式的优越性，但我们希望说明：从当代科层体系发展而来的基本思维方式和行为模式已经大行其道，成为广泛传播的文化标志。比如使用成本-收益分析作为决策工具，借助工具理性来诠释或理解自我和他人，将"世界"定义为一系列待解决的问题。无论面对什么样的问题，简单抑或复杂，我们的解决方式都与这些思维和行为模式密切相关。在理论层面，我们利用计算机和算法解决问题，在实践中则把日趋复杂的算法任务外包给高效的"优化实施者"。不管是理论还是实践体系，解决问题的方法和技术已经发展到商品化的程度，成为人人可得的市场售卖品。信息化、开源、外包（Friedman，2005），再加上低成本制造令人不可思议的生产力，使人不得不重新审视管理实践的"核心"。当所有的算法任务都被转包之后，管理者还能做些什么？

主流解释逻辑的普及

"高级资本主义"的显著成就不仅体现为资本和劳动力的平均生产率及边际生产率的快速增长，资本主义典型逻辑的蔓延也蔚为可观，俨然成为个体、组织以及市场行为的"解释生成引擎"。即使受到其本源学科领域的质疑，但理性选择理论和成本–收益分析逻辑仍是管理者和众多管理学者必需的"沟通技术"。而应用范围更为局限的理性信念理论以及基于概率逻辑的信念形成理论，也被保险精算师、投资者、交易师和决策支持系统专家视为有效的主流解释逻辑。

为了理解逻辑的力量，我们不妨做一个思想实验。假设有一位战略管理者正在考虑设计和实施一项新的薪酬体系，我们向他表述两种不同的员工行为理论。其一是基于神经生理学的员工行为理论，该理论将员工视为纯粹的有机体，他们只会对短时发生（以分钟或秒计）的微刺激产生反应，而其对于"理由"

或"长时刺激"的反应只是通过灌输的方式植入给主体的一种理由幻觉，而且这些理由是可以用神经生理学模型去理解的。或者从另一个角度去解释员工行为，这种解释基于模仿欲望（即模仿他人欲望的欲望）、带有文化印记的惯例和习惯的本体论，认为人的行为受外因推动，而不是由内在激励拉动的。在此理论框架下，任何基于期望利益的激励机制的实施至多就是华而不实的花架子。说到这儿，你可能会想，"这场讨论该如何继续呢？"困难在于这三种理解人类行为的方法在本体论上存在根本差异①。同时，要攻破理性选择语言在解释逻辑方面的防御也相当不易，因为要说服秉持理性选择逻辑的对方接受完全不同的逻辑作为对话的有效"代码"绝非易事。当然，据我们估计，如果你在现实中努力尝试这个"实验"，这些困难是完全能够克服的。

标准主流解释逻辑的理论基础是预期收益成本率最大化原则，再加上海德格尔的技术观（Heidegger，1973）。在海德格尔看来，困境是一系列需要解决的技术难题，而客体和人就是解决这些问题的手段。这种主流解释逻辑是高级资本主义社会的文化内核，是社会整体共有的认知引擎，其作用是促进社会结构和技术手段的高效配置，以实现工作和交易的开展。那么，

---

①　管理者本身代表一种对员工行为的认知理论，因此总共出现了三种员工行为的认知理论（译者注）。

"高级资本主义"会主导"后现代资本主义"吗？或者说，与理性选择、战略规划、算法优化相关的"模因"①是否已然一统天下，乃至裁定我们所提出的涉及任一解释逻辑内核的深层问题？

不然。复杂关系中同时存在两种趋势。聪明的管理者认识到，他们的任务是整合不同的世界模式，即使不同模式之间存在本质上及逻辑上不可通约的差异，他们也意识到当代思潮中出现的某些隐喻和模式具有不可思议的强大沟通力和说服力，可以利用这些沟通修辞手段来"掩盖"不同模式的本质差异；他们还意识到这样的掩饰也可能会带来灾难性的后果，长期来看，会付出巨大代价。与此同时，他们也知道有人之所以获得巨大成功，乃是将技术理性语言和一阶最优化理论限定于某种特定类型的任务，即那些能够被归约成算法的任务。

为了有效获取可靠结果，这种文化–认知引擎还需要一个重要的组成部分——算法。在过去50年里，算法被明确定义、修正、完善并广泛应用于商业世界。算法的产生（Berlinski，2001）、运行和后续发展推动着技术进步，虽然这种推动作用被低估了。为了更好地理解算法在直觉层面的力量和吸引力，可以设想你需要做行业分析，以便为一份商业计划提供基准假设。从哪里开始分析会提高效率呢？从以前的商业计划书中寻找一些灵感，

---

① 源自英国科学家理查德·道金斯（Richard Dawkins）所著《自私的基因》，指文化基因，通过模仿复制而得到传递、传播（译者注）。

对分析的内容进行粗略描述？还是参考商业计划撰写指南？或者是遵循那种详尽的结构化指南，按照其中一个个环环相扣的具体步骤，按部就班地撰写计划书？

算法的力量就在于能够高效地将知识转化为行动。从"意象""启发""理论""模型"发展到"算法"，其中所蕴含的知识的精确性和具体性逐渐递进，更易于转化为可预测的、结果导向的行为模式或常规惯例。毫不奇怪，无论是人类的还是人工的算法实施者，其发展演变已经超越了人们对于算法力量及应用的认知程度，与此同时却也导致了算法任务和技能边际价值的递减。

算法任务和技能的边际价值递减

正因为算法能够将知识高效转化为行动，人们想尽办法降低计算能力的边际成本，这一点有摩尔定律为证，该定律成功预测了芯片计算能力每两年翻番的发展速度。人们对于算法和技术力量的讨论通常集中于信息技术的发展演变，但我们希望直接关注算法繁荣作为一种文化和认知现象给管理实践带来的影响，亦即可由算法完成的任务的边际价值的递减。此类任务已经被有效外包给算法实施者，包括计算机、交互式沟通系统以及能够实施低成本大规模生产的大型组织，这些组织往往兼具资本密集型和劳动力及管理精益型特征。

算法的缘起及其繁荣发展，最终将演变成我们所说的算法革命，它将使 20 世纪晚期出现的"信息革命"黯然失色。现在，管理工作可以被高效分解为算法和非算法两个部分，算法部分会被转包给低成本的算法服务供应商，这些供应商小心翼翼地控制其工作任务中算法与非算法成分的比例，以保持其低成本优势。

我们的挑战是如何甄别当前管理实践和管理技能的核心。如果算法任务的外包趋势逐渐加剧，那么管理实践和管理技能的核心到底是什么？

"交互革命"：用隐性技能显性化来弥合创造力鸿沟

我们认为管理实践和管理技能的核心特征是静默。约翰逊、马尼卡和易（Johnson，Manyika & Yee，2005）以及比尔兹利、约翰逊、马尼卡（Beardsley，Johnson & Manyika，2006）令人信服地指出，21 世纪高价值决策者所具备的技能表现为有效管理思维和行为方式各异的生产及交易主体之间的复杂交互的能力，而这种能力具有内隐性特征。这些学者提出一种新型员工的概念，这类员工更擅长执行那些无法转变为清晰算法任务的工作，如将一种物质转变为其他物质，将信息与知识转变为行为、物质或其他信息。这些工作被称为"变革型"活动（见图 1–3）。

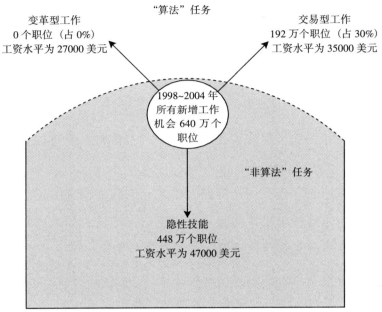

图 1–3　高价值决策者的市场机会

相对而言，未来的高价值决策者是那些能够管理复杂交互的管理者，这种管理工作无法靠自动化手段完成。任务自动化的边际成本和边际收益已经降低到巨额初始投资的合理回报水平。所有适合算法化的工作任务最终都将实现自动化。高价值管理者最有价值的技能之所以是隐性的，在于这些技能并不像生产线组长或者产品开发工程师所具备的技能那样具体明确。我们无法用规则来描述这些技能，也无法用算法来明确表述其投入和产出之间的转化过程。

可以从两种角度来理解这些技能的隐性特质。一种角度是，我们可以后退一步，假设管理教育者成功地将管理技能明确表述出来，并且已经具体到无以复加的地步，那么我们就无法培养人才掌握这些技能或是选拔出具备这些技能的人才。这种思考策略被广泛应用于学术领域。例如，虽然学者认为"人的心智与计算机存在本质不同"，但这并不妨碍我们把人的心智比喻为计算机；比如，有研究认为总有一些工作是人类可以做而计算机做不了的（Dreyfus & Dreyfus，1986）；又有文献发现，在处理"选择问题"或"构造问题"这类元问题方面人类远胜于计算机。但是这种思维策略会导致以下错误结论：如果我们能把管理技能的所有诀窍白纸黑字地写在教科书上，那么作为 MBA 的教学目标而言，我们只需要教会学生如何识别和标示出哪些问题属于邪恶问题（即只在非算法的层面上是可解的），识别哪些隐性技能能够解决这些邪恶问题，尽量提升他们识别邪恶问题的能力，接下来就什么都不用管了，因为学生们自然就会利用书上所描述的管理技能来解决这些问题。

我们还可以从另一种角度来理解管理技能的隐性特征，这也是我们努力的方向。既然隐性的管理技能有助于解决邪恶问题，那么就需要尽力去识别和开发这些技能。当然，这个过程本身就是一个邪恶问题。随后，我们还需要尝试将这些隐性技能表述出来，来弥补市场在这方面的缺失。目前，这些新技能还是一种自然浮现的现象，无法刻意培养。有人提出了"创造力鸿沟"的概念，认为它是人才培养的天花板（Homer-Dixon，2000）。创造力鸿沟所描述的是创意供给与需求日益扩大的不平衡问题。人们越来越需要更多创意来解决人类集体制造出来的麻烦，比如社会、经济、技术和道德方面的困境，但创意的供给远远满足不了需求。隐性技能被视为弥合创造力鸿沟的希望。总之，人造方案不足以解决人造问题，讨论就此打住，我们需要更进一步的分析。

　　隐性技能解决创造力鸿沟的途径可能与创意的数量无关，而关乎创意的质量。我们并不缺少事实知识，不缺乏创意想法或者其他认知客体，而是缺少技能知识。我们缺乏的是认知-行为模块。有了这些模块，我们才能了解如何在事实与价值，思想与行动，不同的思考与存在形式，不同本体论、认识论和逻辑以及不同的生命形式之间架起桥梁，并且能够让它们各司其职。用弗朗西斯·斯科特·菲茨杰拉德（F. Scott Fitzgerald）的共振理论来说，就是"不影响它们各自的执行能力"。隐性技能的作用是帮助个体将邪恶问题转变为复杂问题或简单问题，当然这个转换过程只能是局部的，而且也很容易出错。在解决邪恶问题时，我们需要不断对各种备选解决方案的本质和评判标准进行解释和商讨。而在解决复杂问题和简单问题时，可以借助于算法过程和程序。事实上，自英美会计体系建立之初，人类已经用了超过400年的时间来对算法技能进行发展和优化，而现在随着计算机和互联网的发展，计算技术已经达到极致成熟的水平

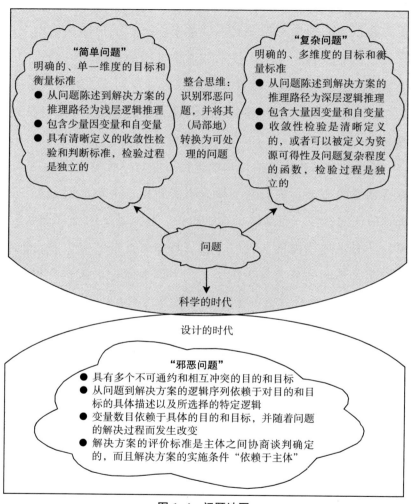

（见图 1-4）。

图 1-4　问题地图

"高价值决策者"：未来管理者的挑战

　　为了将隐性管理技能表述出来，我们考虑一个关键决策者的简单例子。假设有一家大型通信产品制造企业（如思科、诺基亚、北电、阿尔卡特或西门子）的总经理，他正在考虑将一种用于语音和数据传输的新型无线蜂窝基站设备推向市场（或者是发布测试版），即使是在纯粹的技术和经济层面，他都需要与不同专业背景的专家共事，激励、监督他们的行为，与他们协调和沟通。也就是说，这个总经理需要基于不同基础科学的逻辑及话语伦理与这些专家进行问题的论证。每一次交互性的论证，不仅反映出由于双方专业背景不同所带来的词汇和技术代码的差异，而且体现出双方在论证标准、推理、交互和行为模式上的差异（见图1-5）。

　　例如，我们可以考虑基站的数据排队优化问题以及产品的入市时机这两种问题，对这两种问题的解决方案有着截然不同的评估标准，为使问题论证取得结果而使用的分析推理和经验推理方式也有所差异。在此情况下，演绎逻辑总是能够提出既有的或最优解决方案，从而压倒其他形式的对话理性，如类比推理和基于先前经验的外推法。如果我们回顾先前所讨论的归纳

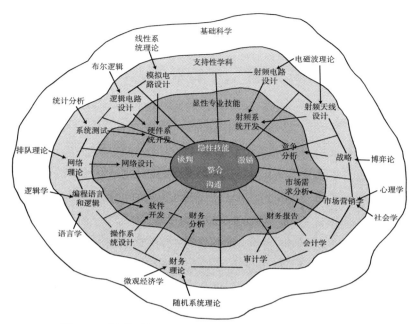

图1-5 大型通信设备制造企业总经理的知识与技能地图

推理的根本认识论问题，就不难理解暴露各专业领域冲突的"创造力鸿沟"其实是一个关于连接的问题，也就是如何在不同认识论立场以及不同推理逻辑（演绎、推理、溯因）之间架起沟通的桥梁。

不同领域的专业技能各自蕴含着本质上不同的推理逻辑和逻辑形式，包括：①模态逻辑，它不仅研究认识状态的现实性，而且研究其可能性；②声明式逻辑，它否定可能的认识状态，并认为只有基于实在、"事实"以及"法则"或"规则"才能进行有效推理；③二阶逻辑，它允许对陈述的陈述；④模糊逻辑，它允许"真"或"假"预测的渐变；诸如此类等。

此时，我们需要借助于整合者的中介作用，在截然不同的专业技能之间搭建起沟通的桥梁。例如，擅长模态设计逻辑的系统架构师必须与精通声明式逻辑语言的程序员和网络理论者进行沟通；市场营销人员、战略制定者、产品经理所习惯的是归纳和溯因逻辑，他们必须与只习惯演绎逻辑的硬件工程师进行对话。不同的学科背景将人群分割为各自分离的交往共同体，进而形成各自不同的实践共同体和关联模式。在各个共同体的语言和思维体系中，准时、正直的标准不同，诚信、透明、可靠和诚实的定义不一，充分推理、正当理由、合理和有效的概念各异。承担整合作用的管理者所要做的，就是理解并融合这些源自不同领域的社会行为规范。

有效整合不同世界观和行为沟通模式是管理者的关键技能，据此，他们不仅能够为自身的观点和行为提供可信度和合理性，同时也使得他们能够有效监督和审核不同员工的言行。由于信息已经成为组织中的通货，针对具体任务且难以传授的知识又为其合法拥有者提供了决策权威，因此如果能够有效理解和弥合不同参与者在逻辑、本体论、认识论以及行为模式之间的冲突、摩擦及不一致，并且能够出色地监督那些自发性较强、不受企业所有者和管理者约束的知识共同体，那么整合者对于组织的价值也就越大。只有创造和维持促进不同背景的专业人士相互对话的封闭解释学循环，使用外人难以窥探的验证及确证规范，组织才能从知识中获取力量。也正因为如此，高价值决策者作为一类极致通才，必须成长为完美的整合者。这种技能可不是一种算法技能，而是一种"隐性"技能。

其实，整合者所面临的问题对于很多商学院毕业生或学者而言并不陌生。商学院的主流基础学科建立在其他诸多学科基础之上，如社会学、经济学、心理学等。而这些学科领域早已发展出了各自的论证、质询、证成、验证的标准，以及用于表述、沟通管理及组织现象的语言体系，它们彼此之间泾渭分明，有各自的知识和交流领地，所关注的学术问题也不尽相同。由此，每一个学科形成了自己的解释学循环或解释学循环集合。于是，所谓学术对话中的整合问题，就变成了如何将这些彼此平行的解释学循环有效连通起来的问题。如果我们要将这些不同学科的理论进行整体打包，以此来理解和解释组织现象，就必须首先从认识论和本体论的层面解决整合问题。

整合问题在一定程度上已经得以表述，但并非来自管理学的教科书，而是来自某些思想者对语言和客体、思维和行动、感知和相信、相信与知晓这些关系的关注。正如戈沙尔（2005）所指出的，很多学科将规范性假设和指令混同于描述性内容。这就意味着，要解决整合问题，不仅要解决如何桥接不同话语体系的问题，还需要解决规范性的冲突和摩擦。

整合者的核心技能之所以是隐性的，原因在于算法规则在这里毫无用武之地，试图将这些技能完全表述清楚也只会是徒劳无功。在随后的章节中，我们将会讨论学术实践如何为整合者提供有用工具，以帮助他们桥接不同的解释学循环。前提是学者和教师愿意承认并接受整合能力的隐性特征，愿意在这个隐性的领域中埋头苦干，以开发和培养有用的立场和存在形式作为目标，而不再以灌输脱离现实经验和行动的知识为己任。

整合者的生产功能

在前文的讨论中，我们呈现了整合能力的两种属性：其一，不可或缺；其二，不可外包。

首先，之所以说整合能力是不可或缺的，乃是因为企业作为一个整体，在不同程度上整合了不同的知识体系、行为方式、认知、沟通、表达模式等。也就是说，任何一种全局性的后果，都将组织内部所有的活动链汇合成某种因果关系或某种结局。比如，破产和失败就是整合性的后果，也许一开始没有一个单独的因素能够导致这些结果，而构成组织这一四维客体的所有因果关系链整合起来，才最终引发失败的结局。管理者应该促进组织内部的成功整合，承担起有效的整合者的角色，才能成为高价值决策人才。

其次，整合功能无法高效外包，因为把整合外包会导致企业无法获得整合所带来的全局利益，而且企业还得为此付出合约成本。克雷普斯（Kreps，1990）分析了组织文化的不可外包性，他将组织文化定义为：组织协调（通常是无意识的协调）过程中，一系列固有的且为成员所共知（通常这种知晓是隐性的）的关键要素。他的观点同样适用于此，整合过程很大程度上也是隐性的，其成功取决于难以明确化的行为。相反，外包就要求能够将合同中的"交付物"以明确和算法化的方式表达出来，从而能够在外包合同中把所有可观察的条件和结果变量的计算公式作为合同条款确定下来（Anderlini & Felli，1994）。显然，整合功能并不具备这种属性。

整合是任何企业眼下不可避免和不可逃避的问题，因此整合能力就成为一项根本性的管理技能。但是，正因为我们很难去描述和分析这项能力，它常常被视为"万金油"，这种误解反而阻碍了其发展。恰恰相反，我们认为整合能力是一种具体的能力，因此我们需要将它精准表述出来。

为便于进一步分析，我们有必要稍稍简化一下。所谓整合能力，就是在面对各种不可通约的，甚至相互抵触的自我模式、世界模式、他人模式时，依然能够自如思考和果敢行动的能力。准确地说，这里的"模式"不仅包括理论、图式和其他表征等认知客体，也包括其中所蕴含的知识结构，如论证模式、证成模式以及个体理解自我和他人的技术手段。成功的整合者能够通过化解不同模式间的矛盾关系而创造价值。

为了用管理学科所熟悉的方式来解释整合者的作用，我们可以借用一下波特（1996）的战略形成理论，亦即以新的方式组合资源、技能和活动，以求推进企业生产的帕累托边界。据此我们认为，所谓成功的整合，就是高价值决策者为企业创造出突破运营效率局限的价值的能力。相反，纯粹的运营优化是把组织资源的次优组合推进到运营效率边界，它表现为算法活动集合的形式（见图 1-6）。

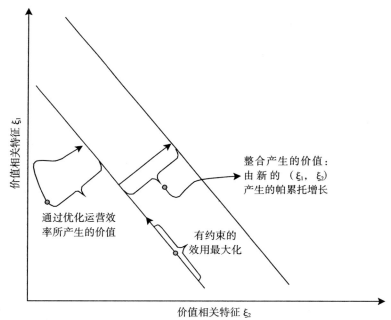

图 1-6　管理中的整合功能

资料来源：改编自波特（1996）。

现实中的整合者

讲故事不是为了证明什么，而是把一种现象具体表述出来，从而有助于智力创新，这就是我们要做的事。下面我们将呈现一些案例，但目的不是给整合者这个概念穿上科学外衣，而是希望能够进一步将整合能力表述出来。我们希望能用语言将管理领域中的这种新现象呈现在读者面前。因为只有先将某种现象表述出来，我们才能推进与此相关的本质变革。另外，虽然市场能够汇聚信息，但是却无法承担表述的功能。下文所呈现的正是当前战略管理理论的某些突破性发现，恰好印证了整合技能的存在。

四季酒店的伊萨多·夏普 （Isadore Sharpe）

酒店行业中，小型酒店舒适温馨，大型酒店则设备和服务完善，两种模式看似有着不可调和的矛盾。然而伊萨多·夏普开创了四季酒店模式，化解此矛盾。他的做法是开发并快速复制、完善中等规模的奢侈型酒店模式，为顾客营造温馨环境及便利设施，运营资金则来自大规模的终端客户溢价（见图 1-7）。

西南航空的赫伯·凯勒尔 （Herb Kellenher）

赫伯·凯勒尔将西南航空打造成为一家专注于提供短途、点对点、班次密集的航空服务公司，成为商旅客户的首选，以此来实现公司的明确目标：成为北美地区成本最低、利润最高同时也是员工满意度最高的航空公司。它满足了多种商业目标，而在传统的商业智慧看来，这些目标通常是此消彼长的准线性替代关系（见图 1-8）。

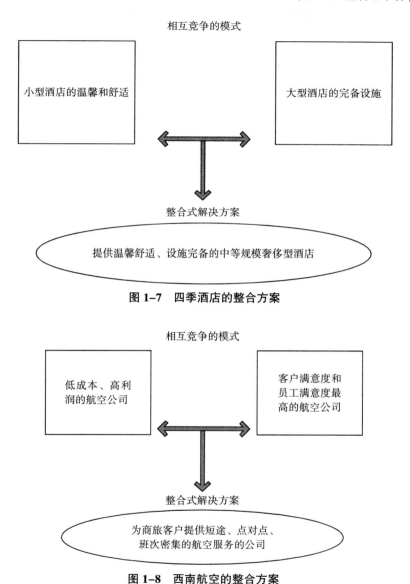

相互竞争的模式

小型酒店的温馨和舒适

大型酒店的完备设施

整合式解决方案

提供温馨舒适、设施完备的中等规模奢侈型酒店

图 1-7 四季酒店的整合方案

相互竞争的模式

低成本、高利润的航空公司

客户满意度和员工满意度最高的航空公司

整合式解决方案

为商旅客户提供短途、点对点、班次密集的航空服务的公司

图 1-8 西南航空的整合方案

通用电气的杰克·韦尔奇（Jack Welch）

在组织高层的讨论过程中，常常会面对一种困境，高管人员既希望能制定灵活弹性的目标并将其推进和落实下去，也希望在进行预算和战略规划的讨论会议时能形成高效有用的决议，但是这两者看起来很难同时实现。杰克·韦尔奇禁止预算讨论中涉及希望和梦想这类话题，从而解决了组织目标弹性与保持预算规划会议效率两者之间的冲突（见图1-9）。

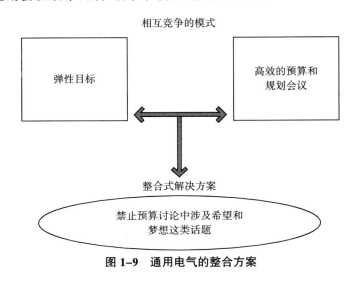

图1-9 通用电气的整合方案

Loblaws① 的迪克·科里（Dick Currie）

迪克·科里开创了"总统优选"的高端自有品牌，从而成功走出了提供低价产品和获取高利润的两难困境（见图 1-10）。

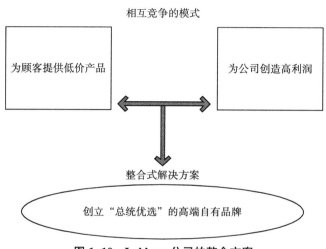

相互竞争的模式

为顾客提供低价产品

为公司创造高利润

整合式解决方案

创立"总统优选"的高端自有品牌

图 1-10　Loblaws 公司的整合方案

CityTV 的摩西·子奈摩（Moses Znaimer）

摩西·子奈摩将 CityTV 成功打造成一家典型的地方电视台，并通过特许经营将这一模式推广复制到全球 22 个国家，从而既迎合了当前媒体业的全球化趋势，也赢得了钟情本地内容的观众的青睐（见图 1-11）。

---

① Loblaws 是加拿大最大的食品零售商（译者注）。

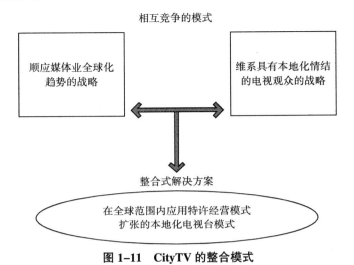

相互竞争的模式

顺应媒体业全球化
趋势的战略

维系具有本地化情结
的电视观众的战略

整合式解决方案

在全球范围内应用特许经营模式
扩张的本地化电视台模式

图 1-11　CityTV 的整合模式

整合者的特质

如果说整合能力是高价值决策者的关键能力，是能够促进后现代高级资本主义社会价值创造的一项隐性技能，那么不禁要问，我们究竟选择、培养和开发什么样的新型管理特质？

我们注意到，要有效解决看似不可解决的冲突，必须对各种存在的不同思考和行为模式有所体认。摩西·子奈摩所考虑的"本地电视台"是实践领域的现实问题，是一种类型的微观世界，而全球性电视台模式是另一种类型的微观世界。两种模式代表不同的交互模式、资本预算约束、组织规则以及跨组织网络结构。为成功整合这两者，我们需要足够灵敏的头脑，从根本他性（Otherness）的层面去理解它们各自代表的微观世界，足够敏锐地去感知它们之间的深层冲突，并将之内化于我们的认知。一旦理解了两种模式之间的冲突，整合者则需要扩大自己的心智边界，将彼此竞争的模式同时容纳其中。也就是说，整合者的思维必须能够同时思考彼此冲突的多个世界之根本他性，并且依然保持清晰的思考能力。要找到解决冲突的创造性方法，就必须给予不同模式足够的忠诚和尊重，准确理解这种冲突的本质。

接下来，就需要将想法付诸实践了。这就要求整合者必须具备坚毅的心智，以咬定青山不放松的信念付诸行动。这种特质类似于卡尔·波普尔（Karl Popper，1959，1979）提出的认识理性。整合实践者不惮于挑战已有的心智客体，他们总是愿意用困难重重的实验来检验心智客体，践行否定原则，一再反驳检验，一再抛弃那些无法付诸组织行为的认知。

我们观察到以下两点：首先，整合能力的具体化过程是隐性的。它们无法像软件编程、审核资产负债表或期权定价那样，依照某种模式简化为一套可指导行动的具体规则。比如说，逻辑是用来联系事实和待验证假设的工具，因此是任何一个具有坚毅心智的决策者都必不可少的能力。逻辑通常被视为一种规范性科学，以规范教条的形式教授给学生，而事实上逻辑是一种隐性技能。从命题 1 "如果苏格拉底是一个人，那么他就是有道德的人"以及命题 2 "苏格拉底是一个人"，可以逻辑推出"苏格拉底是有道德的人"。但是，如果我们事先了解过逻辑学教科书中的肯定前件规则，就会知道这个推理是不成立的。人们在思考过程中会自然应用肯定前件推理（Searle，2001），但不会明确地说出来："我相信肯定前件规则，因此我认为应该从'苏格拉底是一个人'以及'所有的人都是有道德的'推出'苏格拉底是有道德的人'。"因为"因此"这个词代表着又一项推理，必须借助于对肯定前件推理规则的前置性信任才能够支持这里的"因此"。结果，这就陷入了无穷无尽的倒推之中。尽管逻辑推理是认知表征的黏合剂，但人们往往会自然而然地在思维实践中使用这种工具（而不是懂得这种工具）（Searle，2001）。因为同样的道理，我们将逻辑法则吸收为自身思考法则的过程也是隐性的。纯粹在课堂上讲授逻辑公理，不可能将其转化为学生自己的思维规则，也不可能使逻辑成为学生日常思考和言语行为的固有之物。

如何采用他人的视角，则更难以宣之于口。不仅仅在认知上，而是要深入本体论和认识论的层面去理解不同主体的不同视角，这是贯通解释学循环的关键能力。可惜，我们根本无从将这种能力明确为规则或算法。人们可以理解思维活动所需要的生理条件（Gallese，Keysers & Rizzolatti，2004），比如主体在理解他人的情绪、思想以及行为时，神经机制会发生重构（如"'镜像神经元'的激活"）。但我们还是无法从神经生理学关于自我理解的发现中总结出一套规范方法（如"遵循规则集合 R，就能使心智变得更为灵敏"），以便培养这种理解他人的能力。原因很简单，因为我们不知道该如何向大脑中独立的神经中枢发号施令。

　　其次，我们虽然不知道如何明确地训练这些能力（例如，总结出一套规则，体现这些能力的主要内容，让学生记住这些规则，并说服他们使用），但并不意味着我们就无所作为。我们可以筛选出具备这些技能的人才，也可以用体验式方法来培养这些技能，也就是利用隐性的方式来培养这些隐性技能。事实上，推动心理学进步的一种方式，就是通过对稳定的、可测的外在现象的观察来理解那些在原理上不可测的内在属性。以下简要讨论一下如何筛选整合能力，在稍后的章节中，我们还将用更大篇幅来讨论如何培养这些能力。

筛选未来的整合者：新的 MBA 人才筛选功能

　　如何筛选整合思维者？如何用当前的心理测量学和性格测试工具来体现整合思维的心智模式？这一问题至关重要，可能极大提升 MBA 的人才筛选价值，亦即预先精准地挑选出极有可能成为高价值决策者的未来管理人才。

　　如前所述，我们可以把管理学领域的硕士学位项目视为一种人才筛选机制，在当前的教育与文化环境中，这些项目在同等条件下可以挑选出那些智商更高、责任感更强的学生。这种选人功能使 MBA 除了人才培养的价值之外，还被赋予了更多价值。

　　诚然，一般智力和责任感仍旧是未来高价值决策者的重要特质。推理速度、工作记忆是与一般智力显著相关的两种能力（Gottfredson，1997）。它们也是整合者实施认知任务所需要掌握的重要能力，能够帮助整合者快速理解复杂的知识和信息，快速解码与转换深奥的职业话语和专业术语，快速设计检验理论和心智模式的方法，并对检验结果加以解释。

责任感是"大五类"人格测试中的一种（Goldberg，1992），可以被理解为个体在不考虑即时欲望和诱因的情况下将自身与未来行为连接起来的一种能力，因此责任感能够反映出决策者进行决策所依据的"价值尺度"。基于上述理由，一般智力和责任感这些时髦的测度变量作为选择人才的标准依然有用，新的筛选机制也可以保留这些标准作为约束条件。问题是：这些约束条件的约束对象是什么？

发散思维、开放心智以及"开放之存在"

灵敏思维和宏大思维的自然心理测量投射即对应于文献中所说的水平思考、发散思维和开放心智。艾森克（Eysenck，1995）对这些变量与创造性成就的相关性进行了讨论。认知心理学和社会心理学领域的研究已经深入探究心智闭合的过程和机制，开发了相应的测量方法来衡量个体接受信念、理论、模式或者隐喻的倾向性。研究发现，个体出于规避随机性和不可预测性的感知或反应，会坚守原来的认知客体，甚至当出现明显异常或反驳证据的时候依然抱残守缺（Kruglansky & Webster，1996）。因此，对开放心智（包括水平思考和发散思维）的认知测量，不仅能够体现心智的宏大和灵敏程度，而且能够反映出个体避

免信念确证性偏见（Confirmation Biases）和证成性偏见
（Justification Biases）的边际倾向（Abelson，1986）。开放心智还
能体现出，当个体发现数据与自己固守的理论和模型有矛盾时，
是否倾向于将这些数据加以修正或删除（Greenwald，1980），亦
即作为坚毅心智关键要素的工具变量，也就是识别出与观点不
符甚至相左的证据的能力。

　　除了认知的开放程度之外，心理测量学还能做些什么，使我
们能够提高筛选出整合者的概率？如果我们注意高价值决策者
在连通不可通约的模型及交互模式方面的能力，那么就会发现，
认知上的广度固然有助于理解不同的认知结构，但是却不能解
决我们所期待的不同本体论和认识论的桥接问题。因此我们还
需要更为全面地测量开放性，它不仅体现为"具有借助不同语
言、意象或模型进行思考的能力"，还体现为对更开放的存在形
式的偏好。对于此，一般的心理测量工具就显得束手无策了。
于是，有些学者试图发掘人类智慧的其他表现形式（Gardner，
1993），或者找到人们运用智慧的不同方式（Sternberg，1985）。
结果却是殊途同归，大家的兴趣不约而同地落到了同理心的准
确性这一变量上（Ickes，1997），并为此开发了相应的测量工
具。这个变量反映出，当他人呈现出与自身完全不同的情绪状
态和举止行为，或者他人的情绪行为状态与自身不一致时，个
体依然能够准确感知并理解。神经心理学研究发现人体存在一
种神经器官，其工作独立于负责认知功能的前额皮层（Gallese

et al., 2004)，从而验证了移情这一现象。因此，我们可以用心理测量工具来衡量本体论的开放性，加上已有的开放心智的测量方法（对纯粹认知的测量），从而为筛选宏大心智和灵敏心智的人才提供了心理测量基础。

大脑的"人体工程潜能"和执行功能

在设计未来决策者的筛选机制时，是否可以将责任感作为主要的衡量标准，反映面对不可通约性和模型冲突时能够有所作为的能力？当然不是。原因在于，我们所希望看到的人才特征，并不仅仅是利用推理、承诺和表征将自我束缚起来的能力，也不是面对诱惑依然克己尽责的表现，更不是在面对眼前的诱惑时"做最应该做的事"。我们所致力探索的是真正的执行功能，它使得整合者能够同时思考两种截然不同的想法。具备执行功能的整合者即使意识到两种想法意味着完全不同的行为，也能够保持镇定自如。执行功能还使得整合者保持极大程度的真实还原性原则，也就是从观点本身视角出发，构建对它的理解，并充分理解每种观点所包含的思考及行为层面的意义。除此之外，整合者不会丧失思考的批判性，需要在融会贯通的基础上创造出新的认识客体，并能够设计出实验的方法来检验新的认识客体。如果要将该能力投射到心理学家可测量的领域范围之内，使之能用问卷调查和实验这类粗笨工具来测量，那么这种执行能力应该是怎样的呢？

自控"力"也许是一个可选变量。罗伊·鲍迈斯特（Roy Baumeister）及其合作者提出这一概念并将其提炼为一个构念，用于解释个体在一段时间内同时处理两种以上需要集中注意力的高难度任务的能力（Muraven & Baumeister，2000）。举个例子：当眼前放着一盒诱人的巧克力却不能吃的时候，个体很难集中注意力去解答谜题，而当眼前没有诱惑时，注意力则相对更易集中。而且当大脑执行双重任务（既要抵抗诱惑，又要解题）的时间越长，注意力则越难集中。在随后的第二轮解题过程中，一边解题一边抵制诱惑的人也比不需要动用自我控制力的人表现更差。

就像训练肌肉一样，我们可周期性地进行定向姿势变化之类的自我控制练习，从而提高双重任务情境下自我控制的表现。谢林（Schelling，1984）认为，心智是"通常情况下无法被自我所控制的人体器官"。根据此观点，大脑的执行能力可以扩展到思维控制的层面，也就是心智能够自我控制特定思维活动的能力。这种能力是宏大心智者的关键特质，表明个体能够相信和理解本质上相异的各种模式或理论，而不会轻易被其中任何一种捆绑住心智。由此，我们可以开发出执行能力的复合测量工具，即大脑的"人体工程潜能"，也就是个体管理自我内心活动过程的能力。借助这一工具，我们可以甄别出具有整合能力的人才。老实说，心理学家所获得的大部分"证据"并不支持一般人具备自我控制心智的能力（Wegner，1994），因为他们在围绕这一现象建立模型时有些操之过急。但个体在心智塑造这一重要功能方面存在巨大差异这一点是毫无疑问的，有待探索和开发利用。

那么，应该怎样才能将这些变量引入高等教育和商业培训项目的入学筛选标准？首先，我们需要承认 MBA 筛选功能和入学机制对于社会整体的人才筛选以及 MBA 人才培养的价值。尽管目前的 MBA 不够完美，且受制于惯性和制度因素而无益于识别和培养未来的高价值决策者，但已然成为人才筛选机制。增加一些新的、改进的筛选标准并不会改变 MBA 的现状，使之从人才培养项目转变为筛选性项目；这样做只是在现有基础之上加以改善。在招生过程中增加这些评价标准，能多招收一些具有高度自控力和发散思维的学生，从而能够改善整体的教学体验。

其次，我们需要开展一些有效的研究，来探讨个体特征是否与期望的管理能力和绩效水平相关，再据此设计人才筛选机制。例如，可以在招生过程中使用实验的方法来测量大脑执行功能，当然这样会使得招生程序趋于复杂；或者开发一套全新的、难度较大的测试量表，类似于人格量表一样，并不断加以调整和完善。在过去几十年中，根据智商和责任感选拔人才的做法始终占据现代高等教育的核心，与此同时，一股强大的力量也在阻碍对这种做法的变革。然而，既然我们认为 MBA 的本质在于其筛选功能，同时也认识到某些技能和能力的重要性远远超越智商和责任感所代表的"算法能力"，那么我们相信，那些有志于激发 MBA 变革并勇于做出尝试的人最终将收获满满。

第二章　商学院 2.0

当前的科学研究和教育相互结合的复杂体系能否培养出未来管理者？

眼前的敌人就是我们自己。

——沃特·凯利，Pogo[1]

当前来看，商学教育者事实上已经掌握了培养整合者素养和特质的工具和方法。然而，要想抓住机遇推动商业社会和学术领域的变革，还需要重新审视商学研究和教育体系的理念和制度，并加以部署。

作一简单概括：首先，商业研究活动中呈现的认识论和本体

---

① 沃特·凯利（Walt Kelly），美国漫画家，代表作品连环画 Pogo（译者注）。

多元性，为培养坚毅、灵敏而宏大的思考者提供了滋养的土壤①。不同核心学科的范式化心智模式在商学院的领地中"会合"，这无疑是培育善于驾驭内在冲突的思考者和实践者的绝好机会。我们所要做的，就是重新界定存在于实体物质、认识论以及本体领域的矛盾和冲突。这种矛盾和冲突就是学术界所说的"范式之争"。从根本上说，范式之争是一种有益的现象，我们可以将其引入教育体系从而创造一种全新的教学体验，使冲突和摩擦成为合法合理的事情。心智灵敏的管理者能够自如游走于经济人、心理人或社会人的多重角色中，也会因此历练而变得心智宏大。通过面对不可归约的各种自我，通过最终从内心、认知及行为各方面达到对这种不可约性的深刻理解，具有灵敏心智的管理者才能不断成长。

其次，心智坚毅的管理者遵循的是精致的证伪主义方法论，也就是伊姆雷·拉卡托斯（Imre Lakatos，1970）提出的新波普尔派科学发现逻辑。这一逻辑回避了波普尔（1959）所定义的科学"方法"中的技术性难题（Miller，1994），比前人更好地描述了诚实科学家的真正所为。证伪主义实践者在经历"思考"和

---

① 此处有必要简单论述"本体的"（Ontic）和"本体论的"（Ontological）之间的差别。实体（Entity）的本体论维度是指该实体被认为是真实的客观存在，所谓"被认为"不仅仅指认知上的理解，而是指人从行动上也表现出将该实体当作是真实的，并通过行为赋予这些实体以真实性。本体的维度则涉及人们理解世界的范畴，是人类理解证据、数据以及类似事物的概念体系。不难理解，研究者总是与本体维度打交道，他们通过阐述认知图式来理解各种信息，但这些概念并不总能形成本体论维度；极少有学者可以超脱于他们的理论之外。这一区别由马丁·海德格尔（1927）最早提出。

"尝试"之后，面对数据的多种可能解释，必须在相互竞争的理论中做出选择。研究者在设计实验和准实验时会遵循以否定为中心的逻辑，因此他们自认为是证伪主义的拥护者。既然这样，当教育者把这种有用技能教给学生时，就应该在教室里"言行一致"，心里支持什么，也就要在实际的研究教学中体现出来。从"已知"到"未知"，从表面看来很严谨的"科学主义"（Scientisticity）到科学性（Scientificity），从证实主义（Justificationism）到证伪主义，转变并不能一蹴而就，原因留待下文分析。但促成这种转变的必要"硬件"确实存在，而与其配套的"软件"也唾手可得。

本体多元和本体论多元化的障碍：
专业分割及创意市场的新结构

　　我们将从批判商学院新旧两种形式的分割性开始，讨论它们对培养整合高价值决策者的挑战。通过对伴随 1908 年哈佛商学院成立而发端的"商学院 1.0 模式"的研究，我们发现了一种模仿商业组织职能结构的教学和研究活动组织形式（见图 2-1）。在商学院的教学和研究中，商业实践中的问题被贴上诸如"生产问题""会计问题""财务问题"等标签，各类问题也有相应的解决方法。商业案例被归类为"生产案例""运营案例""财务案例"等，这些分类标签相当重要，根据商业情境将类似的案例归类，从而预先把学生的思维模式调整到具体的问题领域。

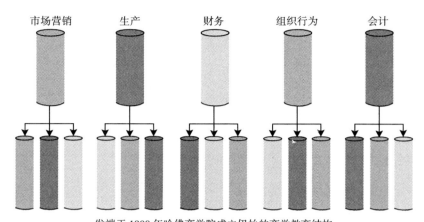

发端于 1908 年哈佛商学院成立伊始的商学教育结构

图 2–1　商学教育：1.0 模式

约翰·拉尔斯顿·索尔（John Ralston Saul）[①] 的观点非常中肯：商学院使用商业案例作为真实商业环境的原型来训练 MBA 学生，但是给这些商业案例贴上标签，与此同时用理性主义话语将案例的归类设定为不容置疑的前置条件，这种做法会大大减损实际商业问题的丰富细节（Saul，1992）。细节的缺失会导致"技术官僚的幻觉"，令学生们认为世界不过是某种简单心智模式的直接体现。这种心智模式可能是关于人类行为的纯粹经

————————

① 加拿大哲学家（译者注）。

济学观点（"财务"的思维形式），或者是关于推理机制的计算主义观点（"运营"的思维形式），又或者是关于动机的刺激-反应行为学观点（斯金纳式①人际关系的思维形式），抑或是"相互融合"的诸多心智模式的集合。这些模式之所以能相互融合，是因为人们分别在不同的活动和经验领域中运用这些模式，并遵循以下两条原则：第一条是"永远不要在同一个领域中使用两种模式"，第二条是"永远不要质疑上一条原则"。

明兹伯格（Mintzberg，2004）等学者提出，商学院 1.0 模式尊崇专业分割，形成每个专业领域的单一范式，将真实商业世界的丰富细节磨平了。细节总是凸显于彼此关联、重点突出的背景下，例如，同一个案例在组织行为课程中被讨论的重点事实，绝对不会被财务课程视为讨论的重点。"生产案例"的"伦理"内容并不适合"生产课程"的话语框架。当然，一堂"商业伦理课"可能会讨论截然不同的案例，其中包含生产方面的细节，但却不会加以讨论。各个"专业孤岛"共同为商学院的教学和学术讨论提供经验准则，一起归纳总结出"商业法则"，再用这些"商业法则"支持实践中的经验准则。如此情形下，专业之间自然是和平共处，鲜有冲突，以下这些现象则无从发生：

本体多元性：关于组织、管理者乃至社会存在多个不可通约

---

① 伯尔赫斯·弗雷德里克·斯金纳（Burrhus Frederic Skinner）（1904~1990），美国行为主义心理学家，新行为主义的代表人物，操作性条件反射理论的奠基者（译者注）。

的认知模式或意象，人们尝试同时理解它们。

认识论之争：知识创造、信念验证或检验理论有效性的不同方法之间的矛盾冲突。

本体性不安全（Ontological Insecurity）：人们原本认为某些基本范畴能够"在连接处将世界分割开来"（Nozick，2001），对此产生怀疑之后引发焦虑。

逻辑实用主义：自觉将多种逻辑和推理模式作为思考和论证的工具，包括描述性逻辑、模态逻辑、时态逻辑、非时态逻辑、二阶逻辑等逻辑形式，以及演绎推理、溯因推理、归纳推理等推理模式。

话语实验：在课堂中尝试多种类型的交往行为和活动，包括语言和非语言交往，以此扩展学生的交往内容。

以上是当代商业社会普遍存在的模式冲突的核心特征。当前商业世界里，真实商业难题不会给自己贴上某个问题的标签，决策者需要自行判断截然不同的方法，而此举则有助于实现思维上的整合。如果在商学院 1.0 中引入模式冲突的内容，把识别、设定和理解这些冲突作为自觉的教育目标，就可能在一定程度上缓解约翰·拉尔斯顿·索尔在《伏尔泰的私生子》中提及的"技术官僚对现实的绑架"问题（Saul，1992）。同时用不同镜头观察同一事物，使我们能从全新且更为丰富的关联性背景中得到更多的细节。不过，我们认为，在商学院 2.0 时代，模式冲突的意义远非如此。

　　回顾 20 世纪 70 年代中期，福特基金会的资助战略旨在加强商业教育"科学化"。经过一段时间的实施，这种战略已初见成效。商学院 2.0 模式（见图 2-2）的专业化结构与 1.0 模式很相似，区别在于各"学科孤岛"有经济学、心理学和社会学等基础性社会科学作支撑。当然，并非所有基础科学都与所有商业学科建立了联系，事实可能恰恰相反。如果把基础科学看作某种"代码"发射源、商业学科作为"代码"接收器的话，那么只有当两者具有共享的沟通"代码"时，它们之间才能相互传输思想、方法和概念。例如，理性选择和理性信念理论的公理化话语系统是财务学和微观经济学之间的共享代码，这种代码使得微观经济学的思想能够运用于财务理论，而不会造成跨学科语言转化的混乱和歧义；相反，如果认知心理学家和社会心理学家去讲授组织行为课程，社会学家去讲授战略管理课程，那么他们会对微观经济学的语言产生怀疑，根源在于微观经济学本身具有弗里德曼式的"反实在论"（Friedman，1953）。由此形成的职能型学科与"公理化准则"相去甚远，也脱离了理解行为的公理化研究方法。然而，唯有公理化方法[①] 才能赋予这些有关人类行为和思想的经济学模型以逻辑上的可靠性（Saloner，1991/1994）。

---

　　① 所谓公理化方法，就是指从尽可能少的原始概念和不加证明的原始命题（即公理、公设）出发，按照逻辑规则推导出其他命题，建立起一个演绎系统的方法（译者注）。

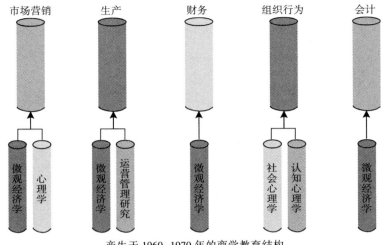

产生于 1960~1970 年的商学教育结构

图 2-2　商学教育：2.0 模式

商学院 2.0 中，新的应用学科分类接受了社会科学的基本概念策略——"简单化和专业化"。虽然依然充满了混乱和不确定性，但对概念进行表述、归约和淘汰的任务被有效"分包"给了各个基础学科（经济学、心理学、社会学）。各种单一范式的学科方法，如冲突社会学、新制度经济学、现代代理理论，将被冠以"组织"的这个复杂而模糊的客体相应归约为"科层""市场失灵"和"合约的联结"。由此，不同窄域学科之间通过核心假设和基本"经验问题"而形成纽带关联，共荣共生（见图 2-3）。

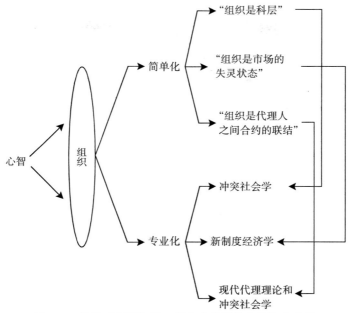

图2-3 关于"组织"这一复杂客体的简单化和专业化

"人"作为另一个复杂而模糊的客体，也受经济学、行为主义心理学、神经心理学等多种学科的重视。这些学科对"人"这一概念给予简化表征，如经济学认为人是"一系列偏好和选择的集合"，行为主义心理学家认为人就是"条件反应的集合"，神经心理学家则认为人是"一系列具有因果联系的神经心理活动集合"（见图2-4）。

人们持或多或少的严谨态度，奉行证伪主义和学理化的研究方法，并将其奉为判断学术言语行为合理性的新标准。由此，不同的应用型学科逐渐走向了统一，开始追求"人类行为的恒

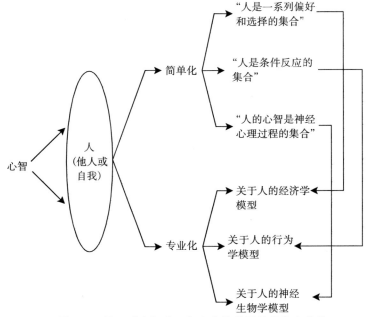

图 2-4　关于"人"这一复杂客体的简单化和专业化

常性"（Simon，1990），或者组织行为、组织或市场中个体行为的恒常性。但是，不同学科间本体的差异、推断标准以及推理模式逻辑深度上的差异往往被忽略。这些差异构成基础学科之间若隐若现的分界线，而源于基础学科的商学院 2.0 模式下的专业学科之间的界限则更是难以辨认。究其原因，应用学科仅仅从基础社会科学中"引进"思想（关于战略管理学科这方面的讨论，请参阅 Baum & Dobbin，2000）。唯一的例外是财务学，这门学科位于微观经济学的"交往空间"中，但它不仅仅从微观经济学领域"引进"核心思想，还直接从实数分析、组合优化、随机系统理论、统计力学、算法复杂性、认知心理学、情感神经科学等学科领域借用模型和技术。

从某个方面来讲，商学院 2.0 模式与 1.0 模式面临相似环境。虽然与商学院 1.0 相比有区别，但这些区别不是根本性的：

● 原先的商学院课程体系具有职业培训的特征，普遍使用归纳和溯因推理逻辑来解释应用型问题。而如今，代之而起的是用演绎法和假设-演绎验证法来检验理论解释。

● 利用实验和准实验方法来验证理论和信念已经成为黄金标准，也被学者视为在教学活动和学术圈中提高学术合理性的良器。

● 应用学科自身的基础概念已经被"清洗掉了"，并且常常被诸如微观经济学、心理学以及各种不同的社会学分支等支持性基础学科的概念体系所取代。

在商学院 2.0 模式下，大部分教师在攻读博士阶段就被深深打上了某种（通常仅限于一种）基础社会科学方法及其概念体系的烙印。在课堂上，他们引用学术成果来支持某种观点，从而建立合理性。当然，在学生看来，这些研究本身就是效度的合理标志，从而可以作为合理性的真正标志。商学院的教师同时也会面临巨大压力。当相反的观点被其他领域或其他基础学科的研究成果验证，当他们引用的研究成果的理论基础受到公开质疑时，他们就得想方设法弥补漏洞，"另启学术对话"。然而，这种难堪也只在教室里才会出现，过后就被抛诸脑后了。

教授们隐晦地将管理学规范性研究（其中大部分并不明确表明其规范性本质）和旨在揭示"人类思维""组织"或"市场"恒常性的描述性研究结合起来，为准管理者们炮制一些能够"药到病除"的箴言警句，用流行的语言来说就是"课堂外卖"。他们能否获得终身教席取决于在期刊上发表多少篇论文，可惜没有多少管理实践者会对这些论文有兴趣。论文的重要性也由研究者而非商业实践者来评判。教授的研究成果与他们所在的院系利益攸关，研究成果能提升商学院排名，却不能直接检验它们是否惠及现实商业社会。教授们从"理论上"觉察到：用高度简化和结构化的模型解释个体行为及经验的做法已经面临诸多挑战，但却鲜有机会发出警示，也缺乏外在动机去改变这种局面。随着时间的推移，在与同行或学生的交流中，他们变得见风使舵，善于利用各种正反观点。受制于伪善的强大教化力量，这些商学院教授倒向了学术不端的一边。当其自身内在的学术道德标准缺失的时候，这种情况就更为严重了。

然而，在商学院 2.0 的环境下我们也看到了些许令人鼓舞的现象，新的商学教育和研究方法开始萌芽：

首先，如今的工商学术圈已经意识到商学是多范式的学科，学科发展由此进入多元范式（Pluriparadigmatic）阶段，虽然跨范式（Transparadigmatic）阶段尚待时日。这种集体意识和认知承载着"范式之争"的新鲜记忆。有人尝试缩小商学的认识论和概念基础（Pfeffer，1993），有人主张让学科基于宽泛的基础

（Van Maanen，1995），有人讨论学科的认识论基础和本体承诺（Van Maanen，1995），有人对这些讨论所引起的误解和错误归因进行了解读（Moldoveanu & Baum，2002）。即使是那些主张对认识论统辖范围有所限制的人，也接受甚至倡导本体论相对性（McKelvey，1997）（或者更准确地说是本体多元性）。在商业组织中，除纯粹的表达功能之外，学术语言的交往和协调功能也正受到关注（Astley & Zammuto，1992）。有学者敏锐地指出，学科语言具有政治功能，人、组织和市场理论模型中的"事实上是"和"应当是"这两种语言之间具有非常紧密的关联（Ghoshal，2005）。理论虽然追求对世界的单纯"描述"，却依存于丰富而隐秘的道德框架之中。因此，在被挤压了的基础学科之间进行跨界对话便有了基础。这种跨界对话及其引发的研究活动，有效地缓解了不同理论模型间对抗的程度和性质，凸显出"理论""证据""方法"以及"概念框架"这些研究要素在判别有效性方面的相对价值，也有助于厘清这些研究要素在不同的"基础社会科学"传统中所承担的认知承诺。由此，我们有了一个培养整合思维者的"基本框架"。为了有效利用这个基本框架，我们需要重新理解本体论和认识论的多元性。多元性不是麻烦，而是一种潜在的解决方法和机会。

其次，现有基础科学对学科的束缚正受到强烈质疑。人们已经意识到，基础科学一味从"生成性科学"（分析哲学、演化和共同演化理论、实证分析、复杂理论、解释学、理论物理；如

图 2-5 所示）中引入概念，因此，商学研究在本体层面并不一定依附于经济学、心理学和社会学等基础科学，正如其在认识论上不局限于任何一种创造和验证信念的方法。事实上，商学研究可以自由选择、打造学科基础，从而既能够回应"商业实践问题"，也能够博采众长，吸收不同基础科学的思想精髓。多

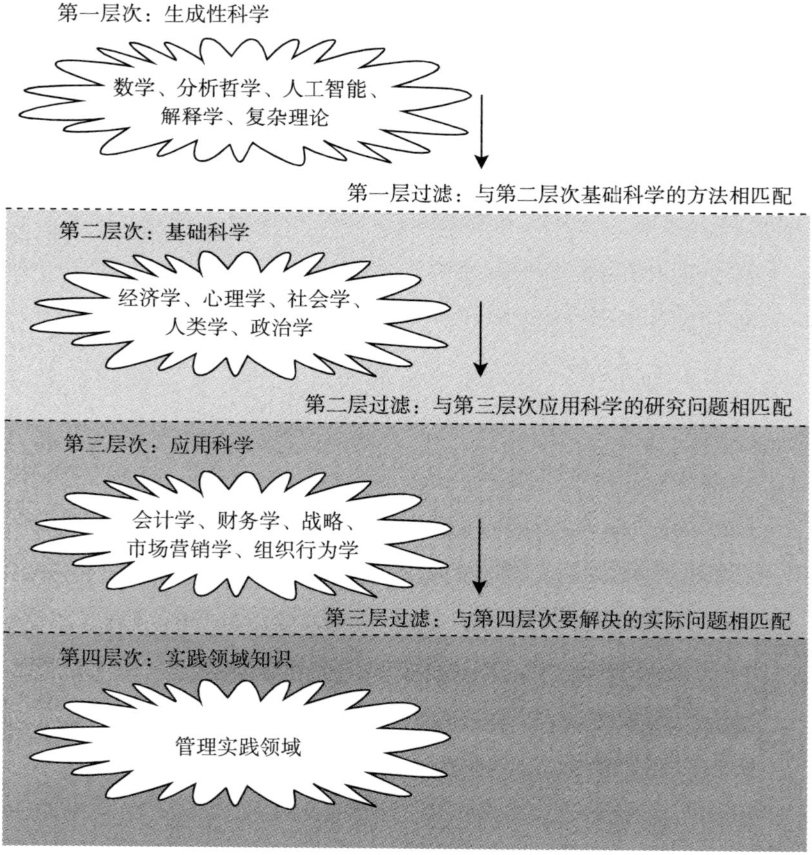

第一层次：生成性科学

数学、分析哲学、人工智能、解释学、复杂理论

第一层过滤：与第二层次基础科学的方法相匹配

第二层次：基础科学

经济学、心理学、社会学、人类学、政治学

第二层过滤：与第三层次应用科学的研究问题相匹配

第三层次：应用科学

会计学、财务学、战略、市场营销学、组织行为学

第三层过滤：与第四层次要解决的实际问题相匹配

第四层次：实践领域知识

管理实践领域

图 2-5 "商业思维"的交往结构

元化趋势已经从范式层面扩展到了表征自我和世界的理论、模型以及隐喻层面。诸多新兴学科，如关于组织的神经心理社会经济学、关于价值链及其链接的布尔网络建模方法、基于随机图理论的组织网络动力学、金融行为的情感神经学、语言规约的经济学和心理经济学、管理符号学以及管理现象学等，尚未在传统社会科学殿堂里站稳脚跟，更谈不上经历时间的洗礼检验，却都已在商学院生根发芽。这种趋势标志着商学研究者在认识论方面的成熟，他们据此学习新概念，并且不再等待那些更"受人尊重"的同行的验证，就充满想象力地在新的解释图式中加以运用，这才是真正享受"科学的胜利果实"。

最后，近来商学领域的学者开始关注知识的施为属性。卡尔·波普尔认为社会科学是"零敲碎打的社会工程"（Popper, 1961），固守着由死板的反复试验和试错构成的经验过程。但是波普尔的这种观点从未在关注"人类恒定行为"的传统社会科学中开花结果，却在一种新的社会科学思潮中得到回应。在这股新思潮中，社会科学家自我理解为智识行为的设计者。例如，罗思（Roth, 2002）讨论了拍卖机制的设计；西蒙（1969, 1986）发表了"人工科学"的著名文章，虽然西蒙本人从未实践过他自己研究并倡导的设计逻辑。实证分析中的布劳威尔不动点定理是社交博弈分析的基础原理，它历经 100 年之久才冲破各种社会学科的重重阻碍，最终进入实践应用领域，帮助美国联邦通信委员会设计出了一种拍卖机制，用于 1900 兆赫个人通信系统频率的拍卖。相反，双重匹配市场的组合优化背后的基本思想只用了 20 年时间就进入实践领域，而解译网格编码[①] 信号的维特比算法只用了 10 年时间就被应用于无线调制解调器和移动手持设备，为高通公司带来不断增长的巨额专利收入。

有趣的是，这种"工程化"的知识创造和应用方式对于波普尔最初的"科学发现逻辑"（Popper，1959）来说并不陌生：我们推测，概念的多元性、教条的实证主义、狂热的证伪主义为组织设计及行为设计领域创造的价值完全不逊于其在科学领域的表现。不过，虽然约翰·穆勒（J. S. Mill）认为"科学逻辑与商业和生活逻辑一致"，但我们认为事实并非完全如此。逻辑基础的形成，使逻辑可能性以及由此产生的逻辑可能世界得以成为个体思维的实质性认识基础（关于可能性被纳入思考范围的讨论，参见 March，Spronll & Tamuz，1991）。虽然商业方案的验证过程与具有经验精神的科学家熟练掌握的方法在本质上是一致的，但西蒙（1969，1986）认为，实践者花了很长时间才引入逻辑基础，从而将科学思维转化为行动思维。查理·芒格（Charlie Munger，1998）认为，商业活动体现出来的俗世智慧需要一种基于模式清单的排错机制，也就是用试验的方法快速、果断地排除错误思想。这种信条显然与证伪主义理念相一致，

[①] 一种编码技术，能够双倍提高某些无线通信频道的传输率，带来移动通信领域的突破（译者注）。

用波普尔的话来讲，就是"让思想代替我们走向死亡"。

因此，我们正面临重大机遇，可以充分利用目前商学院已有的工作成果和资源改变未来管理者的培养和训练方法：

（1）过去 10 年中，商学研究领域围绕概念及认识论的自我觉察以及多元性展开理性对话。我们可以借此设计新的教学体验，培养学生宏大而灵活的头脑，使学生有能力处理根本性的概念冲突，使他们习惯于通过不同的本体和认识论角度来观察情境；本体和认知的多元性将在商学院登堂入室，学生在对人类行为进行解释、预测、描述或辩解的过程中，会感受到根本性的对抗，被单一范式方法隐藏起来的实践问题的丰富细节也将一一呈现。当然，知识的传递过程就不可能像速食外卖那么简单便捷了；于是，受教育者的头脑会更趋精密复杂，其解决根本冲突和本体不可通约性的能力也随之提高。

（2）商学学术圈强调，知识可以作为一种创造体验的设计工具。我们可以利用这一点，让未来的思考者在实践中检验思想，让他们自己设计、布置实验，调整情境，在实践中运用知识，从而将知识的本体维度转变为本体论维度。我们并不是要将教科书上那些死气沉沉的心理学原理教给未来的思考者，而是希望将一种心智习惯印刻在他们的内心深处，使他们成为不知疲倦的实验设计者，从实验中寻找解释人类行为的答案，使他们具备理想的科学家精神、熟练的技巧、对要点的执着，以及坚守初心、大胆质疑的勇气。在战略管理的课堂上，我们不应该让那些"战略框架"充斥整合思维者的大脑，而应该传授用于构建模型的生成语义学，使他们的头脑储备好有用的心智客体（意象、隐喻、耦合方程系统、关系模式、运动模式以及动态图式、叙事和元叙事），使他们能够灵活利用这些精神客体，针对新环境创建新模型，形成逻辑思维能力，检验并扬弃"无用"的心智客体。

（3）我们不妨利用这股崇尚科学质询的证伪主义思潮来培养受教育者，使他们形成坚毅的心智，充分认识到人类群体的易错性，并且愿意进行自我批判和挑战。经验主义（并非那种高高在上的形而上学）和证伪主义形成了科学的通用语言和规定性框架。我们所要做的，就是不仅将它输入受教育者的头脑，而且要使之深入他们的躯体和行为。

只有抓住上述机遇，才能实现从"科学性"到"工程化"的转变，从理论之知（Episteme）的灌输转向技能（Techne）、实践之知（Phronesis）以及生产（Poiesis）的培养，让受教育者从质疑"存在"转变为创造新的"存在"。如若不然，则只能维持杂乱状态，培养一群平庸的管理者、心理学家、经济学家或社会学家。他们只能向有本事的资本家和管理者乞求金钱，从聪明的社会科学家那里吸取思想，永远谨小慎微、如履薄冰，防备着自己那备受质疑的教育和专业履历被某个出其不意的实际问题牵扯出来，因为自己提供不了真知灼见而被砸了招牌。

一个实例：行为决策理论和管理认知研究

　　商学领域的认识论和本体如此具有广域性，那么该如何借此改造创意开发和检验方式呢？空泛讨论这个问题没有意义。我们应该将这一问题置于具体环境中来思考，才能得到想要的答案。在不损失严谨性和准确性这两项学术核心价值的前提下，如何才能真正突破学科的束缚？我们将以行为决策理论以及管理决策的形成与认知为例进行说明。这方面的研究是商学院日趋重要的一个学科领域。我们希望能借助于既有的知识和概念，解开严重束缚该领域的教条框架，同时伺机扩展该学科的公理核心。

　　首先概括一下该领域的基本研究思路。马克斯·韦伯提出，社会科学学者通过以下方式研究社会现象：①提出一个关于研究对象（或组织）的规范性模型；②提出一系列可能存在的偏离该模型的现实情况；③若在真实环境中观测到这些偏离现象，则加以描述，并以此作为否定规范性模型的例证。总之，如果事先不知道应该是怎样，就无法对实际是怎样进行清晰的理论建构。社会科学家的先天知识具有规范性本质，从而影响其对客观世界的描述。韦伯由此提出社会科学必然负载价值的论断：

规范性模型在人类科学中的作用，就如同康德的先天知识——如空间、时间、因果关系——在自然科学和关于"世界"的世俗推理中的作用。

世俗认知以及后来的管理认知的研究历史，就是韦伯的规范模型偏离逻辑的原型例证。当我们按照主流方法研究人类行为决策时，会提出一个关于信念随事实更新的规范性模型（概率公理）；随后又描述一系列偏离了概率公理的正确使用的可能情况，如违背合取概率（Kahneman & Tversky，1982）或忽视基本比率（Tversky & Kahneman，1980），导致可得性"偏误"或代表性"偏误"；然后进行实验，列举研究对象行为的系统性偏离，表明其违背了概率推理的规范性规则。

研究者随即认为这些实验结果意味着主体的"非理性"（Kahneman & Tversky，1982）。然而，实验结果并不能充分支持这些结论（Moldoveanu & Langer，2002），原因有两点：首先，实验环境可能存在某些影响因素，导致研究者对研究对象的"不理性"指控难以成立；其次，我们尚未完全了解正确的信念是如何形成的，因此仅凭对象违背具体的经验推理规则，不能推断其是否具有认知理性（Nickerson，1996）。

管理科学从心理学这样更为"基础"的学科中借用理论和模型。因此，管理认知研究与认知心理学的发展历程颇为相似。管理认知研究通过以下两种方法向其母学科学习：第一种方法是直接借用行为决策理论的结果作为管理模型中的解释变量，如战略决策过程中的"认知简化"策略（Schwenk，1984）或者战略决策制定模式中的过度自信"偏见"（Kahneman & Lovallo，1994）；第二种方法是利用认知科学和行为决策科学中的规范性模型及经以验证的偏离现象，从中总结出指示性方法，在 MBA 和高管培训以及实际的战略咨询中加以应用。指示性方法（Bell，Raiffa & Tversky，1988）旨在为管理者提供行为指导，其依据是他人"实际上"如何判断某种行为，而不是他人应该如何判断或行事。

除此之外，还能做些什么呢？我们认为需要分两步走。第一步，信念形成机制的主流解释来源于认知心理学和行为决策理论，是标准的概率逻辑过程。因此，需要在一般认知研究尤其是管理认知研究中放松贝叶斯概率规范模型认知约束，在不损失分析严谨性的前提下纳入替代方法。用于证实经验性判断逻辑的替代方法有好几种，如概率论，或者更广义的归纳主义理论、辩护主义理论等（Lakatos，1970；Albert，1985；Popper，1959，1973）。借助于对这些方法的重构，我们可以为标准的韦伯式认知科学研究提供强大的框架图式。对于心智开放的认知研究领域的学生而言，贝叶斯、费雪式以及奈曼式直觉统计模型仅仅是其中的若干选择。

有没有一种推理逻辑是（或可能是）最优的？没有人能说得清楚。虽然不见得"世事皆难料，人人皆可胜"，但至少到目前为止，在这场争夺"认知规范性"王冠的赛场上，依然没有哪种推理逻辑能明确胜出。

推动管理认知研究的第二步，就是制定管理决策研究路径图，充分认识并挖掘实践者的洞见。商业实践者的生存之道就是"探索未知"，他们头脑中闪烁着有趣的真知灼见，但他们常常没有意识到这些，也无法表述出来。

正如一本探讨认识论开放问题的论著所显示的（Audi，1988），认识理性规范研究存在未经讨论乃至难以讨论的问题和困境。龟缩在学术机构里的学者已无力承担解决这些问题的重任，他们的头脑受到传统方法的侵蚀，难以提供答案，也无法提出突破传统方法的新思路。解决问题的希望来自"活跃在现场的认识论学者"。他们密切观察经验老道的管理者，了解他们如何探索未知，如何凭借有限的、模棱两可的、可疑的模糊信息进行决策（Klein，1998）。或者，希望就来自这些富有商业智慧的实干家本身（Munger，1998）。

为使讨论更有针对性，我们首先对研究机制进行重构，探讨它如何利用先入为主的认知规范模型，如何排除其他竞争性模型，并最终将先入为主的模型作为研究管理决策形成过程的唯一视镜。

方法成了理论：当前管理认知研究的影响因素

让我们考虑以下问题：当贝叶斯归纳主义遭遇波普尔（1959）、拉卡托斯（1970）等新康德主义认识论学者的强大挑战，甚至受到归纳主义认识论学派的内部质疑（Howson，1995）时，为什么在世俗认知（Dawes，1988）和管理认知（Bazerman，1995/2002）研究中，"贝叶斯统计论"还是岿然不动，依旧被奉为解释信念形成及更新机制的规范性模型？在解释世俗判断模式（Gilovich，1991）以及管理决策模式（Bazerman，1995/2002）时，研究者常借助于认知偏见和谬误，但是为什么这些认知偏见和谬误被视为对贝叶斯逻辑的背离，而不是对其他认识论（如各种不同类型的证伪主义，见 Popper，1959：Lakatos，1970；Albert，1985）的背离？既然实验结果验证了认知偏见和谬误，那么为什么仅仅把这些实验结果视为对贝叶斯规范逻辑的违背，而不将其看作是其他规范性认知逻辑的例证（Moldoveanu & Langer，2002）？

吉仁泽（Gigerenzer，1991）和吉仁泽、戈德斯坦（Gigerenzer & Goldstein，1996）认为，世俗认知研究被"人们是否具有直觉上的统计倾向"这一问题所绑架，这在很大程度上是因为 20 世纪 40~60 年代推断统计在北美实验心理学界的泛滥。他们认为，这一认知心理学分支的出现，引出了一种将工具转变为理论的启发式观点：心理学家的推理方法被认定为研究对象的规范性模型。实验对象的行为可以根据其与理想化对象的偏离程度进行描述，而理想化对象的信念形成过程则与科班出身的、具有理性思维的实验心理学家的认知过程完全吻合。例如，凯利（Kelley，1973）的归因理论认为，普通人有着和熟谙方差分析的统计学家一样的大脑，他们总是能根据情境或相关数据推断成因。研究者广泛接受了将人等同于直觉统计学家的隐喻，原因就在于学术界普遍认同将推断统计作为验证研究效度的方法（Gigerenzer，1991）。

吉仁泽（1991）指出，虽然实验心理学家受过推断统计训练，但他们并不了解推断统计学内部不同派系之间的区别、冲突和对抗，如奈曼（Neyman）和皮尔森（Pearson）之间的区别，奈曼、皮尔森和费雪之间的区别以及古典统计学和贝叶斯统计之间的区别。而且，即使在现代统计学教科书中，也鲜见关于归纳和演绎证伪主义推断形式之间差异的讨论（Moldoveanu & Langer，2002）。而这些差异本可用于提出有别于现有主流方法的竞争性观点并建立相应的体系。当一套判断标准统摄天下，直觉统计的思维隐喻便在探索人类认知倾向的研究领域中取得了无可争议的先天地位。

然而，吉仁泽并没有解释为什么在描述人类思维活动时，贝叶斯统计思维隐喻能够超越其他规范性模型，纵使这些模型也为主流方法的先驱者所知。虽然他指出了这一事实，但他认为这不过反映了实验心理学者的"双重标准"，他们自己用的是一套标准（即古典的奈曼-皮尔森统计），而对研究对象用的则是另一套标准（即古典贝叶斯推断）。

经济学家用理性信念公理来解释人类行为，而卡尼曼（Kahneman）和特沃斯基（Tversky）所开创的研究工作则发展成为理性信念公理的批判工具（Tversky & Kahneman，1986）。萨维奇（Savage，1954/1972）的工作为主观期望效用理论构建了公理基础，拉姆齐（Ramsey，1931）研究了如何从投注行为推断出主体的相信程度（即"主观概率"）。他们共同为人类选择行为的实证研究提供了基础，这迅速将一盘散沙的经济学研究聚集起来。自此以后，信念形成的概率模型在经济学领域中逐渐取得主导地位，成为描述研究对象的代表性模型。卡尼曼和特沃斯基二人并没有对这种模型是否最具合理性产生怀疑，他们所质疑的是为何这种模型成了经济学的主流。

行为决策理论在经济学和心理学的夹缝中产生，其发展偏离主流认知心理学道路。这一研究领域奉行两种研究方法：一种方法是假设人类的判断具有归纳主义概率推断特性，当然这种假设并没有得到经验检验；另一种方法则将思维的直觉统计隐喻作为规范性的起始点，并试图将现实状态概括为偏离该起点的次优状态。从这两种思考方式衍生出"可得性启发""合取谬误""析取偏差"以及"熟悉度偏差"等丰富的文献成果。而行为决策理论的开创者卡尼曼等将这些理论当作"负面"研究的典型来阐述（Kahneman，Slovic & Tversky，1982）。他们的目的是希望揭示世俗认知倾向与遵循概率公理和贝叶斯定理的理性贝叶斯主体的认知倾向之间何以会产生差异。

20 世纪中叶之后，思维的直觉统计隐喻借着心理学实验方法兴起的东风，在认知心理学和行为决策理论领域中迅速取得成功。实验法成为心理学研究者所偏好的方法（Gigerenzer et al.，1989），推断统计成为确证研究效度的主导工具（Gigerenzer，1991）。思维的直觉统计理论在既无强劲对手、而推断统计的主流地位又未遭受任何挑战的情况下，获得了学术界的认可。

但是，为什么思维的贝叶斯统计隐喻也能入侵管理认知领域？为什么这种观点不仅成了管理决策现象的解释前提，同时也成了管理认知倾向研究的起始点（Kahneman & Lovallo，1994）？"实验式思维"对于认知心理学的"思维直觉统计"隐喻的建立至关重要。同样，"临床式"思维对于在管理认知研究中建立"思维的贝叶斯统计"隐喻也起到关键作用。"临床式"思维的基础是管理学者或咨询师的心智模式。和临床医师以治疗处于特定"状态"下的病人为己任一样，管理学者或咨询师的主要目的是解决管理者遇到的问题（包括这些管理者自身以及他们决策过程中遇到的问题）。如果把决策理论家视为临床医师，那么管理者就是病人（或者组织就是病人）。由此，我们发现很多管理判断和决策文献中的研究成果（Bazerman，1995/2002；Dawes，1988）所提供的实验观察例证显示了对"思维的贝叶斯统计"规范性认知模型（被认为是认知心理学研究的起始点）的偏离，但是这些实验结果却被简单理解为主体的判断"误差"。行为认知领域"偏差和谬误"研究方向的开拓者特沃斯基和卡尼曼则小心翼翼地故意回避了这种论调。

由此，学者和教育者的任务变成帮助人们认识到自己所犯的错误，以及使他们学会如何在日常生活中避免这些错误。思维的直觉统计隐喻促使认知心理学领域涌现大量实验研究。同样，思维的贝叶斯统计隐喻也导致管理认知领域大批研究工作的出现，这些研究的目标是：①将判断过程中出现的管理偏差和谬误识别为对规范逻辑的偏离；②将管理选择行为解释为这种系统性偏离的例证；③尝试向学生传授正确的信念形成和更新方法（即贝叶斯的、归纳主义的方法），改变他们错误的推理模式。

管理认知学者的临床式思维得到霍华德·雷法（Howard Raiffa）的有力支持，他在一篇充满智慧的文章（Bell et al., 1988）中提出：决策理论学者不应该用纯粹的规范性模型指导人们应该如何选择信念，也不应该只是用描述性模型纯粹描述人们选择信念的真实过程，而应提出指示性模型，用这些模型指导人们在自我及他人实际决策的情况下应该如何进行判断。

如同临床医师一样，指示性学者基于教育目的来使用认知心理学的实验结果和行为决策理论家的研究方法。这样的学者应该懂得如何"正确地"根据新的事实证据更新信念。也就是说，如果对于认知能力的基础没有异议，并且在现实中观察到某些判断模式偏离了"正确方式"，那么该学者则应该：①尝试纠正学生所犯的显而易见的偏差和谬误；②教会学生利用别人的偏差和谬误来为自己谋取利益。例如，有效市场假说认为市场交易者都是理性的，那么指示性学者就应该教会学生利用他人的决策偏差而从中获利，如此一来，市场长期来讲将向着更有效的方向发展，而学以致用的聪明学生也能为自己谋求到短期的超额回报。

这种指示性方法简单，有说服力，也符合目前商学院所面临的处境。但是，这种方法仅仅以贝叶斯归纳主义和概率算法公理作为唯一的规范性基础，无疑限制了管理认知研究的发展，很多可能的模型被排除在外，甚至新的管理认知现象也被忽略。事实上，我们可以用很多不同的方法来解释行为决策理论和管理认知研究的实验结果，可以基于其他不同的认识论承诺来解释实验结果，而且这些认识论承诺既是"规范性的"，又能够解除对主体认识非理性或推理"谬误"的指责。我们越来越难以确定实验证据是否能"真正"反映常人思维，所幸的是，我们也有了更多的模型来研究现实中和实验室里的管理认知。这些新模型的解释准确度越来越高，也为研究者提供了更多的研究洞见。

模糊性、自由度和选择："当前情况"的清晰图景

很多在经验研究方面颇有建树的研究将它们的成就归功于研究群体齐心打造了一套核心思想或模型，从而使同行对话变得有效且可信（Moldoveanu，2002）。基于贝叶斯认识理性视角的管理认知研究就是一个很好的例子。可以说，如果缺乏一个规范性的管理认知模型统领经验研究和指示性理论研究，研究者很难协调彼此的工作，也难以共同建立起研究活动和理论的准

范式系统，而这种系统正是"规范的"科学实践的基石（Kuhn，1962）。但是，研究者将研究工作置于思维的贝叶斯统计隐喻的统一框架下，这就限制了认知研究的主题范围，把它压缩在行动导向的思维这么一个微不足道的子空间里。

我们可以用几种"竞争性的"方式来解释认知研究中的实验结果，如证明"合取谬误"的"琳达"实验（Kahneman & Tversky，1982）。某些解释认为研究对象具有"认知能力"，某些则认为研究对象存在"认知缺陷"。因此，到底是用归纳主义还是用非归纳主义来解释信念的形成机制，目前尚无定论。正如我们所阐述的，管理认知研究并不存在先天的理论假设，不能把它限定在目前占据主导地位的隐喻框架下。

特沃斯基和卡尼曼（1982）设计了一项实验，向被试描述一位女性的特征，"一位 31 岁的单身女性，性格直率且非常聪明，主修哲学。在大学期间，她非常关注种族歧视和社会公正，同时也参加过反核示威游行"。然后要求被试对下列各种陈述的真实或可信度进行排序，如"她是一名银行出纳员"，"她是一名热衷妇女运动的银行出纳员"，"她是一名照顾精神病人的社会工作者"等。通常被试会认为复合陈述的可信度更高，如"她是一名热衷妇女运动的银行出纳员"的得分会高于"她是一名银行出纳员"等简单陈述的得分。两位研究者根据这些反应模式推断出，实验参与者的推理过程违背了概率法则。因为在概率法则下，如果 A 逻辑上包含 B，那么 P（A）≤P（B）（即 A 发生的概率应小于或等于 B 发生的概率）。他们在文章中写道，"不管怎样，'B 发生'的可能性不可能大于'A 和 B 同时发生'的可能性，与此相反的信念就是错误的。我们的目的是保留直觉判断中有用和有效的部分，同时纠正人们容易犯的错误和偏见。"

然而，应用其他模型，我们还能从这个实验中得到以下几种至少表面看来还站得住脚的解释。

波普尔式解释

卡尔·波普尔（1959）提出的科学发现方法排除了归纳工具。他的主张基于大卫·休谟（David Hume）关于归纳法缺乏逻辑基础的论断。在波普尔看来，科学家的任务是：①收集信息以证伪理论，而不是证实理论。②从彼此竞争的理论中选择符合以下三个条件者：a. 具有最丰富的经验内容；b. 经过最严格的经验检验；c. 最大限度地符合检验要求。如果两项可证伪的命题 A 和 B 合取形成一个理论，那么该理论的经验内容则比仅包含命题 A 的理论更为丰富（Popper，1959）。而且，如果已经用观察陈述 D 检验了 A 和 B 中任意一项命题，那么由 A 和 B 共同组成的理论，应该比由两项未经检验的命题 C 和 D 构成的理论更具吸引力。这就意味着，为力图真确，应该选择先验可能性更小，但又经以最严格经验检验的命题，因为虽然 "A 和 B" 同时出现的可能性小于或等于 A 或者 B 单独发生的可能性，但 "A 和 B" 的经验内容比 A 或 B 的经验内容都丰富。这种对概率论的否定与波普尔关于似律普遍通则的先验概率为零的主张相符

（Gemes，1997）。我们用 A 表示"琳达是一名银行出纳员"，用 B 表示"琳达热衷于妇女运动。"从证伪主义者的角度来看，A 和 B 同时发生的合取命题优于 A，因为：①A 和 B 的合取命题具有更丰富的经验内容；②D——关于琳达的描述——不但检验了 A，也检验了 B。与之前的解释相比，证伪主义对琳达实验的解释，得到的是更为出人意料的观点。"直觉科学家"虽然遭到社会心理学推理研究（Gilovich，1991；Nisbett & Ross，1980）的诋毁，但根据波普尔对科学的理解，他们可能比那些依赖实验检验的科学家更具科学精神。

心理语言学的解释

假定实验参与者把"琳达是一名热衷妇女运动的银行出纳员"这一陈述理解为"琳达是一名银行出纳员"以及"琳达热衷妇女运动"两项命题的合取命题。从一阶逻辑上看，"A 和 B"的合取陈述与"B 和 A"的合取陈述完全相同。而从自然语言的角度看，两者未必相等。道斯（Dawes，1988）认为由于合取陈述存在不对称性，我们对"依赖于语言"的表征进行概率上的描述时必须格外小心。"我买了一挺机枪，去了市场"与"我去市场并买了一挺机枪"具有不同含义。也就是说，语言中的合取是非对称的。而且，合取陈述可能会改变我们对其中短语的理解。第一个例句中的"我买了一挺机枪"与第二个例句中的相同短语意义不同，第一个例句中的"我买了一挺机枪"蕴含着"我买机枪的目的是去市场上杀人"的意味，而第二个例句中"我"的意图并不明显。当我们说"琳达是一名银行出纳员",我们的理解是琳达目前从事的工作是银行出纳员。也就是说,琳达是目前所有在职的银行出纳员中的一个。然而,当我们说"琳达是一名热衷妇女运动的银行出纳员",那么除了认为琳达可能现在从事银行出纳工作之外,我们还可能推测:琳达曾经接受过银行出纳工作的培训,或者琳达曾经是一名银行出纳员。基于这种解释,琳达实验显示了人们可能为了理解自然语言语句而放弃一阶逻辑法则。在认知语言学家和某些哲学家看来,这一结论并不令人惊讶,因为他们早已认识到了逻辑形式与语法结构的差异(Hacking,1975;Lakoff & Johnson,1999)。

人际关系解释

格赖斯(Grice,1975)指出,人们无法仅仅依靠对话中的文本、辞典工具和语法结构书来理解彼此的对话。聆听者怎样理解对话中的语句,取决于其如何假设言语者说话的意图。这样的假设与对话即时场景相关联。格赖斯认为在对话中,人们会假设对方具有合作意向,因此会尽量从谈论话题相关的角度来理解双方的话语。如果被试对"琳达是一名银行出纳员"以及"琳达是一名热衷妇女运动的银行出纳员"两项陈述的选择偏好以及所认为的可能性遵循概率法则,那么实验材料中对琳达的描述就显得毫无意义。但这就与格赖斯的合作原则产生了矛盾。为了让自己相信实验者提供的背景材料与主题相关,被试需要找到一种解释(上文已经提出了若干种解释),使得所有的背景信息看起来都是有用的。因此，被试会倾向于相信"琳达是一名热衷妇女运动的银行出纳员"的真实性大于"琳达是一名银行出纳员"。这种结果的产生不过是由于实验参与者试图解决与实验者之间的人际沟通问题，而不是其对这个一阶逻辑问题的思考结果。诺伯特·施瓦茨（Norbert Schwarz）及其合作者（Schwarz，1998；Schwarz & Bless，1992；Schwarz，Strack & Mai，1991）提出了一种基于代表性判断的解释理论。他们的观点与格赖斯相似，强调对话情境对主体的影响。代表性启发（Tversky & Kahneman，1982）是指，当人们需要判断某个全称命题（如"我的生活很幸福"）的正确性时，倾向于选择某些具体情况（如"我的婚姻很美满"）来代表这个全称命题。在施瓦茨等（1991）进行的实验中，第一组被试首先被问及对于生活的总体满意程度，然后再被问到对婚姻状态的满意程度。研究者发现两个问题答案的相关系数为 0.32。第二组被试的问题顺序正好相反，两个问题答案的相关系数则提高到 0.67（Schwarz et al.，1991）。施瓦茨（1998）单纯从认知角度对此进行解释："我们可以推测，首先碰到婚姻满意程度的问题会让被试的大脑最先反映出这方面的信息，自然就用这方面信息来评价自己的生活整体状况。"在琳达实验的例子中，琳达的背景描述看起来与"她热衷于妇女运动"这样的命题很吻合。根据施瓦茨的解释，被试的合取偏差与其持有的某些决策原则有关，而与其如何假设对话者的意图并无关系。

并非所有这些解释都能够将描述不确定条件下判断形成的各种规范性模型综合起来，但某些解释确能如此，然而它们尚未被心理学的主流学派所接受，因此也被排除在管理思维的主流研究领域之外。例如，查理·芒格精辟地将世俗智慧描述为验证和选择思想的反向启发式，这种方法与任何一种贝叶斯概率归纳主义方法都相去甚远，相反倒是更靠近精致证伪主义。但查理·芒格的反向启发式方法从未受到心理学研究的关注。即使粗浅地回顾一下人类的认识论传统，用最保守的态度搜寻行之有效的推理方法，我们也会发现，不同的认识理性规范模型始终共存于世，相互之间也存在着看似不可解决的争议。例如：

证伪主义和概率论之争（Gemes，1997）

虽然概率论者认为应该将遵循概率演算法则的信念程度作为主体相信程度（对主观主义者而言）或客体真实度（对客观主义者而言）的"测量工具"（Howson，2001），波普尔等证伪主义者却认为，根据概率论本身的假定，任一似律全称陈述的概率等于零，因此用概率论的方法来解释信念形成是没有意义的，也是非理性的。赫梅斯（Gemes，1997）对此做了进一步阐述，他的论述成为该主题的教学用语。如果抛弃概率论，那么用什么来测量信念呢？波普尔（1973）为此提出衡量理论（而不是某个具体的信念）的"逼真性"，理论中包含的不容置疑的经验内容越丰富，其"逼真性"就越高。

多种形式的证伪主义（Lakatos，1970；Miller，1974，1994；Niiniluoto，1998；Popper，1973）

米勒（Miller，1974，1994）认为波普尔的逼真性测量是无效的，他的观点后来被波普尔接受（Popper，1999）。与此同时，拉卡托斯（1970）对证伪主义进行了阐释，区分了教条证伪主义（无条件接受事实陈述）和方法论证伪主义（像检验理论一样，用经验标准来检验事实陈述，旨在发现事实陈述中蕴含的理论，并指示如何设计关键性经验检验方法来检验这些理论），以及朴素的方法论证伪主义（不加选择地对所有理论和事实陈述都运用证伪主义的要求法则）和精致的方法论证伪主义（不断重复的经验检验和反思之后提出理论选择的标准）。然而，波普尔（1973）并没有接受这些分类。证伪主义的几种流派至今依然共存。

多种形式的概率论（Howson，1995）

概率论的发展同样也是百花齐放。所谓概率，可以"客观地"理解为限定频率（von Mises，1939），或者对某一事件的数学可能性的思考（Laplace，1966），或者主观信念度（Bayes，1763），又或者是实体在特定环境下以特定方法出现或行为的倾向性（Popper，1983）。可见，对概率的定义不一而足（Howson，1995）。所有的概率定义都需要满足概率理论公理，这一要求并非来自"更为基础性的"个体理性公理（Howson，2001）。关于为什么信念度应该满足概率演算法则（因此"规范的"信念产生者不应该犯"合取谬误"的错误）的经典解释是，如果某个人的信念度不遵循这些概率公理，另一个人就可以利用荷兰赌从该信念持有者身上获利——即进行一系列的打赌，最后肯定能赢光该信念持有者的钱（De Finetti，1937）。但是，这种衡量个体信念的方法是否合理，取决于以下声称的前因合理性：打赌者实际上愿意并有能力来实施这个赌局（Moldoveanu & Langer，2002）。由此，我们发现有一种新的方法来向 MBA 学生讲授概率推理。在教学过程中，我们可以将概率推理当作一种谨慎的打赌逻辑，而不是"万金油"式的思维逻辑。我们将会在第三章详细论述这种教学方式。

概率论的缺陷及其修正

用数字来表征决策的权重或者信念度（对信念的测度）是否足以体现这些概念所要表征的现象？或者说，是否需要扩大这些概念的表征空间？此问题是否已有唯一且令人满意的答案尚未可知。希思（Heath）和特沃斯基（1991）在研究中要求参与者提供对某个事件的主观信念度。存在两类事件：一类属于参与者自认为很懂行或很熟悉的领域（如询问足球迷某场足球比赛的结果）；另一类是参与者自认为很不了解的事件（如询问他们夏季某一天悉尼下雨的概率）。接着研究者要求参与者在两种赌注之间进行选择：一种是他们提供主观概率的那个事件；另一种是"客观性的"彩票，其获胜概率与他们猜测的事件发生的概率相等。研究者发现，虽然彩票获胜概率与参与者猜测的事件发生的概率相等，但参与者更愿意投注于自己熟悉的事件。但是一旦碰到不熟悉的事件，纵然彩票概率也与猜测的事件发生的概率相等，更多参与者却选择了彩票。姑且不论这一实验结果还能说明什么，它起码表明用概率衡量信念度的方法并不能完全解释参与者的认识状态，因为对参与者来说，对熟悉与不熟悉的事件下赌注是有区别的，但是这种区别并没有为概率论所体现。面对这个模棱两可的问题，我们可以尝试各种解决方法，可以使用高阶概率（即对信念度的相信程度）来"修正"概率演算，可以引入信念的多维表征（不仅描述信念的"强度"，而且反映信念的来源），或者尝试设计一种新的信念表征方式。每一种解决方法都可能会产生不同的认知理性观点和不同的研究方案，这取决于我们愿意许诺什么样的"保证"以作为概率陈述的背书，以及这种"保证"会带来什么样的概率形式。

计算主义的缺陷及其修正

目前，各种决策规范模型具有共同的算法结构：这些模型能够在计算机硬件结构上运行。就此而言，这些模型正是"思维即电脑"隐喻的体现，该隐喻在过去 50 年间对认知心理学领域的众多理论和实验研究产生了广泛影响（Gigerenzer & Goldstein，1996）。最近，研究者开始关注内部心理过程的弱结构表征，如隐喻、类比、文字和叙述等，以此研究"真实"环境中的决策活动（Klein，1998）。对照决策者的主观标准以及特定情况下"成功决策"的客观要求，这些内部心理表征或许能够形成"有用的"决策。但是，学术界的研究比较有限，尚未就不同的隐喻、类比以及叙述结构对决策的影响进行深入分析和比较，我们不清楚它们是否具有长期性影响，也不确定它们是否可从特定情况推广至一般情况。

因此，就认知和认知理性而言，我们正处于理论多元性迅速发展的境地。良性活跃的争论是学术应有以及可有的本色，不应屈从于某一种高高在上的理论模型。没有人对扩展认知理性的模型空间存有异议，研究者应该扩展视野，将不同的先验模型和表征纳入他们的研究工作，这是重大机遇，将促进我们深刻而准确地理解个体决策行为。接下来，我们将讨论如何实现这种扩展。

打破束缚：管理决策研究中的新模型和"对立"模型

如果我们并不先验地把管理认知规范模型限定在证实主义—概率论—贝叶斯概率的狭窄空间内，那么就应该平等对待其他的认识论立场，它们也很有可能成为系统性的管理信念研究的规范性基础。从现有文献看，管理认知研究极少选择非归纳主义和非贝叶斯认知模型作为规范性基础。克里斯·阿吉里斯的研究委婉地强调了一种确证信念的证伪主义方法。然而，不像"启发和偏见"研究的支持者那样，他并没有系统描述管理认知特征，也没有总结出一套证伪主义认识论的系统偏离状态。由于缺乏一个清晰定义的（且可正规化的）认识理性模型，我们难以精确衡量理性偏离的程度；这正是一个新的研究机会，但绝不应该以此作为反对证伪方法的借口。

加里·克莱因（Gary Klein，1998）关于自然决策的研究试图打破古典贝叶斯决策分析和决策的算法表征在表征形式上的局限性，但是他仅仅为自然条件下的决策研究贡献了新的表征概念的分类体系。事实上，他应该与先验的古典认识论模型展开系统对话，从中获取指示性方法的启发；这样的对话不仅能让我们了解"非传统"决策方式的作用，更可以告诉我们这些决策方式的形成原因和工作机理。

扩展管理和组织决策先验模型的范围，意味着我们要花费精力去理解不同模型的规范性基础，还需要运用上述新型认知策略去解释不同类型组织中管理者的决策方式。

正如莫尔多韦亚努和辛格（Moldoveanu & Singh，2003）指出的，我们有理由相信，对于实践管理者来说，尽管概率演算为赌注行为提供了令人信服的逻辑，但精致方法论证伪主义表征的认知策略和图式比基于归纳和概率推理的认知策略更有用。如果我们用变异、天择、留存的生物进化逻辑来表达商业模式和商业创意的动态变化，并且将"天择"理解为一种模型或思想被驳斥的形式（不适者被淘汰），那么就可以形成一种信念的进化论观点（这正是精致方法论证伪主义的方法），也就是将其理解为外部进化过程在主体内部思维系统中的模拟；通过这种虚拟的进化机制，决策者就能得到一份模式清单，这正是芒格在正规教育中求而未得的东西（Munger，1998）。

决策者基于模式清单考察创意，无论他如何面面俱到，但实际上这个创意仍仿佛温室中的花朵，并没有经历真正的考验，一旦进入"真实环境"，它们就得经受厉害得多的暴风骤雨。大脑越能精确模拟外部现象，做出的预测就越合理。由此，我们有理由相信，在风起浪涌的真实商业世界中，证伪主义思维方法可能更胜于证实主义方法（包括归纳主义）。而真实世界本身可能会倾向于选择证伪主义者。于是，管理认知研究的开枝散叶就有了根基，这意味着可以把认识理性的问题纳入管理认知研究体系，而不是在其他研究领域中解决这些问题，然后将这些问题答案借用过来。当然，对任何现象的纯粹先验分析都可能是完全错误的：利用规范性图式来"理解"现象，可能根本不奏效。为应对这个挑战，"现场认识论"应运而生，把研究者推向"向研究对象学习"的境地，迫使他们放弃对所谓"正确的信念理论"的把持，"退而结网"，为解释管理现象提供结构化的语言工具。

对比有限的贝叶斯工具包而言，结构化语言的优势在于表达丰富，与此同时仍具有"清晰简洁"的分析能力。结构化语言可以表述不同形式的证伪主义，既可以达到与贝叶斯决策公理同样的分析精度（Gemes，1997；Lakatos，1970），也具备与概率论同样的说服力，足以抵挡概率论者的攻击（Gemes，1997）。我们不应该用负面的态度去看待认识论立场的不确定性，相反应该把这看作是一个积极因素，它不仅能够促进认知理性情境理论的发展，同时也促使研究者长期关注那些不断探索未知、在竞争中胜出的实践者的成功经验并据此建立理论模型。

那么，所谓的"现场认识论"研究应该怎样进行？下面将给出一个研究方案。

重启方法论之争，激发不同的认识论立场

当有了更为丰富的先验模型，如何开启一项全新的研究计划？首先要做的是在现有的研究领域中激发一场争论，讨论什么才是成功的认识论立场。这场论战的实质内容和深度取决于我们所考虑到的备选模型的丰富性。所谓认识论分析，就是对不同求知方法的生态效度进行分析，也就是对不同的信念形成和验证策略的效度进行分析，提出支持或反驳的依据。这些策略都要满足合适的信念验证机制应该满足的条件，即准确性、真实性、客观性、内部和外部效度。自然决策研究为这一方法论之争提供了判断依据和决策约束条件（时间约束、非清晰定义的决策目标，见 Klein，1998），从而扩展了那些故步自封的认识论者所信奉的传统判断准则。

认识论立场的分析和计算研究方法

我们可以在分析和计算模拟的基础上对不同的认识论立场进行比较。比如，要回答"什么是成功的学习策略"这个问题，

可以对自然决策情境进行计算模拟，然后测量不同算法规则的效果，包括准确性（模型的拟合度、方差最小化）、普适性（简洁程度、在各种决策环境下的稳定性）以及获得可接受答案的收敛速度（在各种时间约束的决策情境下的相对表现）。

认识论立场的实验研究方法

事实陈述不足以决定理论，这是一种普遍现象。正如我们之前的例子所显示的，这给认识论的实验研究者造成了很大困扰。卡尼曼和特沃斯基用琳达实验来说明"合取谬误"现象，而我们可以根据不同的先验理论立场对这一实验进行不同的阐释。然而，这并不意味着我们无法用扩展的先验模型对推理和决策模式进行确定性的、深入的实验分析：我们可设计相应的实验，根据标准的理性模型来区别"规范性"和"非规范性"决策者，区分符合不同理性模型的决策者。这样，我们就能让持不同认识论立场的研究对象就弱结构决策任务展开竞争，从而检验不同学习和决策策略的成效。

认识论立场的经验研究方法

或许更为重要的是，认识论分析以及扩展了的认识论立场版图可用于指导管理学现场研究。在这种情况下，扩展的先验模型提供了结构化的语言工具，有助于理解成功及失败的经验推理过程，解释实际环境中不同推理方式的优劣。

　　当然，认识论分析本身并不是认知理性的唯一判据，判断决策好坏的标准总是随着决策情境变化而改变。实践者自己就是认识论的创造者；事实上，就总体而言，他们作为研究对象，却比那些拘泥于有限的判断和决策模型的研究者更具认知理性。在这种情况下，扩展了的认识论版图提供了一种语言工具，借助于此，我们可以把实践者身上隐藏的商业智慧表征出来，也就是结构化的决策算法及表达的集合。据此，把实际情境中产生的认识创新概念化，并将其引入认识论的战场参与竞争。

　　至此，关于如何在一个特定学科领域中打破学科桎梏的讨论行至尾声，我们也希望把这样的分析延伸到其他学术领域。事实上，描述人类关系、战略计划、设计和组织分析的各种方法在认识论和本体方面的承诺还有待探索和挖掘。我们应该充分利用这些认识及本体承诺的多元性和差异性特征，制定新的研究方案。对人类内在认知多样性的认识正是推动研究创新的动力。

第三章　商学院 3.0

设计和开发整合式"认知行为模块"

学习技能与学习知识不同。真理可以灌输，但方法只能引导。

　　　　　　——吉尔伯特·赖尔（Gibert Ryle）《心的概念》

　　培养未来高价值决策者的基础构件就隐藏于当今全球商学院教育体系之中。然而，把这些构件植入具体项目则是一项非常困难和棘手的工作，原因如下：

　　（1）商学院已经具备多学科（Multidisciplinary）属性，汇聚了许多代表性的学科领域；甚至部分商学院已经意识到多学科的重要性，形成了多元学科（Pluridisciplinary）的集合体；但它们还未进化成交叉学科（Interdisciplinary）体系，还没有让所有相关学科领域跨越界限进行整合，或者说它们还不是跨学科（Transdisciplinary）的。某些学科常见的沟通代码功能局限，对其他学科不适用，再加上不同学科在制度实践层面的异质性，使得学科间的沟通协调成本高企，阻碍了复杂混合和异质概念结构在不同学科体系之间的交流。传统情况下，老师以基于自己熟悉的理论而编写的企业案例作为教学材料。如果老师们放弃这种传统的教学方法，改用复杂的历史叙事文本，从各种严谨的理论角度对每个班级进行解释，如用来自经济学、神经心理学的各种行为模型以及各种心理分析方法来分析基层经理工作经历中的种种细节，这会带来多大的挑战？困难一方面在于教学"原始材料"发生了变化，从根据理论定制的教学案例变成了原始状态的叙事文本，这无疑会增加课堂学习体验的复杂程度，与学生的期望截然相反。另一方面，要求教师相互合作完成协作授课，这一任务对个人的好处是不确定的，边际成本不可预测，但固定投入却是巨大的。

（2）就微观动机看，商学院现行的制度导致无论是非终身教职教师还是终身教职教师都缺乏参与跨学科合作的激励，既无法强制推行学科间的教学科研合作，也很难制订相应的计划。跨学科研究创新的成功范例，如行为经济学的产生，本是无心之举，在学者们的事后叙事中倒成了有心栽柳之事。卡尼曼和特沃斯基在研究人类判断与决策问题时，本来无意建立一个横跨心理学、经济学和分析哲学的交叉学科领域，他们只想建立实验导向的评价准则，用于判断理性选择理论和微观经济学的公理化基础。同样，科斯的简约分析将组织活动和市场交换的方式选择视为生产成本和交易成本的函数，但他一开始也没有打算创建一个组织理论分支，而只是希望为企业边界分析提供一个降低不确定性的解释基础。

（3）在 MBA 教室里，教师和学员之间的关系如同角斗场上的观众与角斗士。要两者真正对话，以期剖析假设、探索未知、讨论问题，是很困难的。相反，对话的重点通常停留在如何获得交互的"合理闭合"，从而维护教师在认知方面的绝对的权威。阿吉里斯（1980）对高管教育的这一问题进行了很有启发性的阐释。

（4）教师通常只是强调知识的认知维度和表征维度，把这些当作重要的教学内容传授给学生，结果却阻碍了学生对商业知识的施为属性的全面理解。例如，学生很难理解这些知识对其自身的重要影响，不懂得如何采用特定的自我模式，如何将其作为自身行为的规定性框架。正如明兹伯格（2004）所说，MBA教学中的话语常常"无关痛痒"。即便讲者在课堂上没有沉溺于戏说性、战略性的讲授，也没有完全背离以沟通为导向的对话，师生间的互动也仅仅停留在"不外如此"的讲故事和讨论层面。怎样让学习者真正置身其中，怎样把学术性理解转化为身体力行的理解（亦即行动中所产生的智慧），这些都还是未解的难题。核心问题就在于前述的本体和本体论维度的差异。具体而言，学术对话局限于纯粹的本体领域，只涉及对知识的认知性理解和范畴化。如果要将纯粹本体领域的概念和范畴转化为引导、塑造管理行为的本体论模型，教师在课堂上就必须设计一定的教学活动，将这些概念和范畴转变为实践领域的内容，使其具体化和真实化。比如，竞争博弈模型认为竞争者之间的互动属于零和博弈，通过迭代不断剔除占优策略，并根据这一概念及相应模型的逻辑内涵采取行动，由此，双方博弈的结果与某一博弈方采取的互动模式存在因果关联。然而，懂得竞争博弈模型（本体领域），并不意味着在实践中就能够应用这样的理论模型来指导夫妻之间、同事之间或者竞争者之间的交流。克里斯·阿吉里斯曾对此做出精辟的总结：如果你认为你懂了，那么就做做看吧。他对社会科学的不断质疑，可以理解为这么一种认识：知识的本体维度与本体论维度之间是有区别的，本体论维度对教育和人才培养极其重要。

（5）在商学教育将学生视为消费者（Mintzberg，2004；Pfeffer & Fong，2002，2004）、将知识视为外卖快餐或"有价值的物料"（反映出教学结果和教学体验的速食化）、教学活动趋于娱乐化的风气之下，要求某位教师凭借一己之力扭转现状，破坏他人的安逸日子，其难度和代价可想而知。像 MBA 这样的培训项目，尤其是 MBA 的第一学年，学生常常被折腾得睡眠不足，筋疲力尽。这些项目的激励手段过于复杂，缺乏即期意义或价值。此外，在大规模量产情况下，无法提供个性化教学，因此所设立的奖惩机制在学习者看来也略为随意。由此，学习者就会更看重简单的激励和直接可见的回报，而忽视其他潜在价值。结果，教师们都不会积极帮助学生去理解如何将概念转化为本体论模型、如何将理论转化为行动方案。究其原因，这样的教学尝试是有风险的，对教师本人的认知以及与学生的沟通都会带来较大挑战。如果进行这些尝试，需要教师和学生都敢于呈现和容忍各种认知层面的风险和模糊性，而当前 MBA 学生在情绪上是难以接受这样的模糊性的。

可以尝试用一种新的方法来理解 MBA 教学体验，以此来解决上述问题。我们的方法不是背离现有商学教育的学科和概念基础，而是充分利用此基础创造一种全新的教育体验。我们称为"实践课程"。

实践课程：未来 MBA 的结构性解决方案

所谓实践课程，是学生与教师之间的一种互动体验，将知识的认识论维度、本体维度、本体论维度模型以及施为属性这些原本深藏不露的知识要素呈现，将其转变为显性的教学内容（见图 3-1）。MBA 教室里的"戏说"气氛往往掩盖了根本性的冲突和问题：尖锐的不同意见受到压制，教师在话语结构中拥有绝对权威，对知识的求索限于单一范式的方法，而学生则或多或少对此有所察觉。实践课程不是压制或试图根除这些冲突和问题，而是借助它们重塑教学体验，既培养学生博学广闻、精通"商业法则"、善用商业概念和理论框架，同时也建立认知-行为模块，弥合当下技能供需之间的鸿沟，培养未来的高价值决策者。

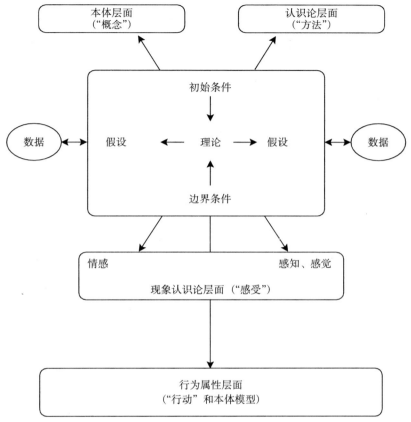

图 3-1　商业知识的基本维度

实践课程的形式借鉴了音乐大师班、心理治疗培训以及包豪斯学派提倡的设计实践课程。在音乐大师班的教学中，学生不仅要努力理解乐谱，还需要深刻领悟如何将乐谱弹奏出来。音乐老师的作用是引导学生产生这种悟性，为他们提供改进建议或指出他们的错误。但是，最终的决策权和操作风险的把控是交给学生的。音乐大师班的这种培训方式中，纯理论性的讨论和表现没有意义。不管演奏者如何口若悬河，对乐谱引经据典，他最终还是需要用行动来呈现理论，对整个班级做出实质贡献。理论与实践脱节这一要害问题使得传统教育效果减弱，无法促进学习者的持久行为变化。然而，音乐大师班的教学方式成功解决了这种问题。

心理治疗培训为受训者提供不同存在形式的实验性环境，让他们面对自己的复杂目标及其多种可能解释，这就是第一章讲到的邪恶问题。这类培训向受训者反馈其设计、实施的产物、过程和方法，让他们从中获益。在这种培训环境中，受训者不仅要提出行动方案，而且要身体力行，检验真伪，而实验结果的解读也是实时的。这种学习过程本质上就等同于行为主义科学家（Argyris & Schon，1978）所面临的局面。面对未知，科学家所能应用的武器就是个人的探询技巧和解读能力，据此帮助自己"提出问题而不是胡乱猜测"，并根据新的信息调整自己的行为。

包豪斯学派的设计实践课程建立在基本技能（手绘、雕塑、油画、工业绘图、二维和三维制图、计算机辅助设计）的机械式开发基础之上。课程要求学习者每年都要参与某些项目，并要求他们在项目实施过程中使用所学习到的技能。包豪斯实践课程基于一种基本理念：设计师的关键技能是隐性的，只能做中学，设计师所做的事就是整合者的任务，即机智地运用隐性技能来制造物体。

以实践为导向的课程均认可整合者的技能很大程度上是隐性的，因此，仅仅在课堂上为学生们剖析成功艺术家和设计大师的心理特征和精神特质，通过他们的作品展示特定的整合技能，是无法让学生掌握整合技能的；相反，必须通过实践项目进行整合训练。在设计项目中强调技能训练，激励学生开发自我能力。如果没有给学生合适的激励，鼓励他们使用并掌握技能，那么培训技能的过程不免令学生无聊生厌。在以课堂讲授和考试为主要形式的教学中，考试只能体现学生在考试中的表现，很难完全反映学生真正掌握的知识，也仅仅反映出学生能在多大程度上使用技能解决可以表述清楚的问题。在以项目为导向的课程中，技能被认为是一组特定的"客体"，也就是说，技能总是从属于其使用目的。因此，技能既是实现某种目标的技能，也是做某种事情的技能；实践项目给出了贴切、实在的激励目标，用目标来引发期望的行为。

尽管实践课程的形式对于 MBA 来说还比较陌生，但在商学院的学者看来，其基本构成——认知-行为模块并不新鲜。商学学者早已习惯于对人的行为建立模型，对组织活动建模，用实验验证理论、阐释见解、进行概念创新。他们也是组织效应的生产者，虽然这种参与并不经常。因此，实践课程既能够解决培养隐性技能的问题，形成全新的 MBA 教学方法，同时也不会动摇商学院目前的体系、资源基础以及文化，解决两方面的冲突对峙。实践课程顺应了我们所揭示的商学教育令人鼓舞的发展趋势，并顺势进行教学创新。

实践课程的基本理念很简单。商学学者的日常工作就是构建、修正人类行为以及组织行为的模型，加以验证，进行跨越理论边界或分支的学术对话。他们各自采取不同的观察角度、建模方法、表述方式以及探索途径，以此实现个人以及所在组织的目标。这些工作正是未来高价值决策者不可或缺的技能，它们远比获取陈述性的、众所周知的"商业"信息和知识要有价值得多。鉴于研究论文在学术领域的半衰期是两年半到五年，不难想象商学领域的事实性知识会遭受各方面的攻击（Bennis & O'Toole，2005；Mintzberg，2004）。因此，我们更应该关注当下蕴藏在商学院里的实践性知识的价值。

一旦明晰了核心元素，可以通过两种模式来理解和实现 MBA 项目中的实践课程。第一种模式称为"思想和行为的设计实验室"，要求在生师比较低的小规模实验室环境中设计相应的教学模块，创造个性化的空间，以利于思想和行为的理解、创造和尝试。这样的教学模式需要吸引新老教师参与聚焦式技能培训项目，以使学生真正掌握技能，并能够在传统的 MBA 课堂及其他生活领域使用这些技能。

第二种模式称为"沟通空间设计"模式，尝试开发有价值的认知-行为模块，将其作为教学课程的内在组成部分。这些认知-行为模块及其内含的技能本质上属于实践性知识，而非事实性知识，它们与很多陈述性的知识结构以及问题陈述彼此兼容，因此也能融汇于各种实质性的专业课程中。例如，可以在战略、营销或组织行为学的课程中培养学生的证伪主义理念，可以在人力资源管理或者技术项目管理课程中培养学生如何贯通不可通约的解释学循环。

模式 I　思想和行为的设计实验室

模块一　表述：模型及模型表征的适应性生成

模块一旨在将学生培养成人类和组织行为模型的创建者，也就是模型的塑造者而不是模型的接收者。这是社会学科学学者的基本技能之一。社会学科学学者用两种方式创建人和组织的表征。一是从基本的解释逻辑出发，包括理性选择和理性信任公理，交互性认识论（"博弈论"），基于变异、选择及保存机制的演化图式，基于选择性强化和选择性验证的学习适应图式，扩散图式，以及规则系统的演化及动力学模型（细胞自动机模型，包括协同进化的 NK（C）共演化模型以及动态网络模型）；二是在少数情况下创建新的构件，或对继承于主流社会科学的基本构件加以修正和调整。

我们可以把所有这些建模构件视作素材库，即认知研究的基本要素（Simon，1990）或社会科学学者的基本工具（Elster，1982）。社会科学学者运用这些工具，将理论构念映射于不同主体均认可的观察陈述，定义构念之间的构成性关系、因果关系和非因果关系，为模型应用的初始条件和边界条件提出一系列假设，然后利用一种或多种模式（因果解释、功能解释和意向性解释）对事实现象加以解释（Elster，1982），由此生成个体及社会现象的解释模型。对于受训者来说，建模是一种实践活动（Praxis）。在构建模型的过程中，学习者会遇到实际的问题，这些问题可不是那些课堂案例中被简化了的问题。学生们需要用自己的语言来表述问题、提出解决方案，剖析和分析叙事文本，充分理解他人对事实的表达，激发出不同意见的碰撞。

世俗语言本质上具有隐喻性，内嵌于主体的心智模式之中。人们不需要经过正规训练也能够相互理解这些心智模式（Lakoff & Johnson，1999）。如莱可夫和约翰逊（Lakoff & Johnson，1999）所说，时间就是金钱，好是向上，坏是向下，自我是一个容器，大脑如同机器，而心智就是大脑机器的状态序列，所有这些都不是无心之语，而是掺杂了特定承诺和明确意向的话语，会产生相应的影响。这些语言塑造了我们对于时间、道德、自身、大脑、心智的思考方式和思维结构，也界定了我们会以怎样的行动施诸这些客体。单纯的讲话方式于是成为日常实践中的本体。表述模块的挑战在于：如何促使受训者将已经深嵌于其日常所思所言中的模型变成学术概念，如何理解概念塑造行为的过程，并且在适合的情况下，利用社会科学模型的生成性语义来改变他们的核心表达方式，这种改变在某种基础社会科学的长期训练过程中常会悄然发生。在此背景下，学习过程就是不断面对各种概念，努力学习模型构建者所需要掌握的技能。专业性的交流对话，也就是"学术性项目"，已经将这些概念打磨完善。而学习者的任务就是，在理解和应用这些概念的过程中，将其转化成他们自身可以理解和利用的本体。

考虑以下的例子：

（1）关于"自我"这一概念，某些学科常用的方法是将其界定为一系列偏好、逻辑约束的集合以及一种动态的最大化机制。此外，有一种关于"自我"的非反射性观点认为，某些实际的自我（即他人）可以表达为因果式的自动机模型，而其他自我（即"我"）可以表达为两种不同的模型，或者是因果式的自动机模型（"我是被迫的"），或者是具有自由意志的人（"这是我选择的"），不同模型的表达取决于场景中的微观激励。在教学过程中，我们可以将这种"自我"的非反射性概念明确表述出来，并与其他常见的自我概念进行关联对照，让学生面临不同的分析场景时（我和他人）应用这些不同的概念模型，并达到逻辑上的自洽，从而创造出描述人类交互的整合模型。

（2）第二个例子是"概率"。概率被世俗智慧定义为各组频率的总称，即独立结果的数量的倒数，概率也被认为是主体关于事实的"直觉"，只可自我意会，不可言传他人。在课堂上，我们可以对这种概率观加以讨论，与其他不同的概率定义进行比较，分析各自的认识论优势和实用价值，然后汇总融合形成一个新的概率定义，使得这个定义能够自洽地应用于各种场景。

"心智模式无处不在"，各种模式有着互不通约的形式和规模，而且心智模式的作用力巨大，因此，我们可以利用表述模块有效干预个体的心智模式，通过表述模块的实践活动剖析日常管理生活中管理者的认知结构，让学习者识别出自身日常所用的心智表征。这正是社会科学学者最擅长的领域，也符合他们自身对于建模的兴趣。

模块二　验证：选择性保留有用的心智客体并对虚假遁词进行分析

第二个模块的任务是培养应用型的证伪主义者和老练的实验主义者。在一个训练有素的社会科学学者看来，世界就是一个大型试验田，人们用一连串实际发生或可能发生的实验，来检验有趣的假设（Abelson，Frey & Gregg，2004；Langer，2000）。科学家从自己的信念中推导出一些假设，并且略有偏颇地认为这些信念能够为实践和理论所验证，然后通过实验试图推翻这些假设。在理想情况下，实验结果必然会引起科学家心智上的某种反应，支撑其信念的认知"支架"以及情感锚（Affective Anchor）会受到实验结果的影响。科学实验的结果之所以引人入胜、值得玩味，就在于实验者在实验中将自己的假设置于"危险之境"（Lakatos，1970；Popper，1959）。因此，品性诚实、训练有素的科学家在其研究活动中所展现出来的正是心智坚毅的表现，这在普通人身上无迹可寻。的确，对于普通人而言，"信念是财富"（Abelson，1986）；然而对证伪主义的认识论者和科学家而言，信念更像"步行手杖"（Roethlisberger，1980）或测风气球。在课堂里对信念进行讨论和验证，不仅能够将证伪主义的理念传递给学习者，也能使他们从情感上和行为上真正成为证伪主义者。

这个模块的目的是将学生培养成认知上、情感上以及行为上的证伪主义者，他们需要充分认识到，自己原先在"日常"情境中习以为常、自以为是且身体力行的信念架构（因为他们会因此而"感觉很好"）往往没有任何作用。我们要引入证伪主义逻辑，它虽然看似有违常理，但却明确区分了可检验的信念和不可检验的信念，而且更倾向于支持前者。这一逻辑强调：在信念及其支持性或反对性证据陈述之间，演绎逻辑起着连接的作用。在证伪主义者看来，证据陈述并不可靠，对证据陈述蕴含的理论进行实证检验就可能推翻证据陈述。证伪主义逻辑强调，人们有意识地在多种理论中进行选择，暂且以某种理论作为自身行动的依据。因此，这种逻辑可以用于重构受训者的信念网络体系，也就是重塑他们自身的信念以及信念背后的理由。根据证伪主义逻辑，我们创造了否定导向的实证检验方式来检验原始信念，通常采用的方法就是实验和准实验。如果将证伪方法视为一个温度可调节的系统，学习者自身的信念网络就是这个系统的原始输入，根据主体对信念的相信程度可以调节这个系统的"情感温度"，比如可以将主体的相信程度分为略微相信、非常相信、毋庸置疑三种，然后在这三种主体对信念的情感涉入度不同的情况下，观察重构信念集合可能会产生怎样的影响。

证伪主义逻辑为克里斯·阿吉里斯重塑人际沟通模式的方法提供了基础。正如阿吉里斯所说（Argyris，1993a），沟通中的自我封闭、自我辩护以及自我强化阻碍了人们的学习过程，人们不会质疑彼此的假设，对于自己埋藏于心的信念和意图三缄其口。对话各方之间树立了一道厚厚的围墙，让他们限于庞杂的、不可检验的不良人际信念网络，由此引致人与人之间的互动行为一而再、再而三地浮于表面，无助于事。证伪主义的心智则有助于打破、重构这种无效的人际交互模式。证伪主义要求人们提出自己的主张，进行论证，提出在什么情况下这种主张可能是错误的，然后进行检验。同样，以学习为导向的沟通方式要求人们不仅要进行辩护，而且要不断质询（Argyris，1993a）。此处的辩护就相当于科学研究中的提出和论证假设，质询就相当于通过实验来检验假设。因此，我们可以将学习过程中的这些"困难交互"和"艰难对话"转变为培养学生技能的实验性场地。这一模块的成效取决于模块设计者是否能够打通"科学"

与"日常"的人为界限，将科学研究中本质的认知和情感特征抽离出来，借此将纯粹的课堂对话转变为最具信息量的系列实验。

模块三 沟通：话语伦理及公开推理的准则

学术界本身就具备强有力的验证理论和模型的功能，在一定程度上，学术圈的交往共同体受到某种话语伦理的约束，自我挫败的交往行为受到抑制。所谓自我挫败的交往行为，是指交往行为的主体自我贬抑或自我否定其作为交往共同体一员的行为（Apel，1980；Habermas，1984）。比如，当参与交往的一方拒绝就其话语中的假设进行解释时，这就是自我挫败的交往行为，因为它等同于从这场对话或讨论中灰溜溜地退缩，因此也就如同宣称我没有参与这场对话。如果将这句话理解为陈述者的一种言语行为，就会发现其内在的自我矛盾之处，即陈述者所明确否认的内容恰好正是他当前的行为。说谎也是自我挫败的言语行为，因为参与交往者要说出事实真相这一交往行为中的内在承诺被打破了（Habermas，1984）。非语言的消极对抗行为以及拒绝对此行为进行解释，这也是自我挫败的交往行为，同样因为违背了交往行为中的话语真实性原则。为了留意逻辑上的矛盾、语义模糊（一词多义）、逻辑相关但未加验证的假设、逻辑上关联但相互独立或不可通约的论证等问题，学术评论者求助于话语伦理来识别和解决这些问题。事实上，大多数人认可应该消除自我挫败的交往行为，尽管极少数人会认识到这一目标的实现有多么遥远。话语伦理力图促成沟通参与者之间的共识，但它本身却无力确保共识的形成，因此被诟病为一种空泛的伦理原则。然而，迄今为止，人们却忽略了话语伦理作为强大的整合工具的用途。相对而言，话语伦理的假设前提不会引起异议，确保话语主体对于沟通的承诺（Moldoveanu，2000），并且话语伦理追求演绎逻辑的连贯性及对于不同观点的包容性，因此，话语伦理是一种整合性的人际交互技术。它为个体的质询行为提供了一种共同的合理化基础，可用于解读他人话语中的假设前提，理解他人的世界观。否则的话，个体之间的相互理解只能寄希望于某一方沟通参与者的特殊偏好和价值观，比如强烈的好奇心或坚毅心智。

沟通模块的目的在于让学习者掌握学术评论和论辩中所隐含的话语伦理，所采取的方式就是为学习者呈现真实的交互场景，让他们了解自我挫败的交往行为会受到惩罚，比如个人的信誉和荣誉会受损。该模块没有对交互的实质内容——对话的主题——提出特别的要求，但它显然对 MBA 教师形成了挑战，以往引导讨论结束而形成最终结论的"标准程序"可能用不上了，因为形成论断的特定标准会遭到质疑和批评。例如，当教师提出一项与学生的直觉不符的假设时，老师可能会说"有数据可以证明这一假设"，就此盖棺定论。这一招现在可不管用了，学生能够自由地质疑数据本身，怀疑数据本身暗含的理论、偏见或约束条件，从而也能够质疑数据证明假设的情境条件。类似的，当一方提出另一种假设来解释某种现象时，有人会说"没有证据可以表明这一点"，而这种说法也无法成为讨论的合理终结。这有两个方面的原因。首先，有很多概念和理论，虽然我们缺乏证据证实它们，但也没有明显的理由可以抛弃它们。其次，"只有出现证据的时候，才能接受某一理论"，这种判断标准本身已经受到了质疑。

模块四　生产（Poiesisi），或者行为的产生

模块四的目的是激发和培养整合者的行为产生能力。学生要反省、思考自身行为的目的，据此重构、逆构自身行为。同样，这一模块的技能正是学术技能的一部分，它包括在受控情境下密切而准确地自我观察和分析，然后根据特定的目标生成新的交互方式。例如，可将学习者的沟通过程录制下来，让他们观察自己在沟通中表现出来的防御性人际沟通策略，从而引导他们重新构建自己的行为。

生产，并非指满足某种行为约束条件或遵循特定规则集合，而是为达到某种目的（如将"牛头不对马嘴"的沟通转变为开放式对话）的整体性的行为产生过程。因此，这一模块的基本理念是让学习者成为自身行为的设计者，使之能够有目的地、自主地塑造自身行为。在人际"交谈"或"会面"之类的现象中，手势、语调、用词、遣句以及肢体语言错综交织。因此，生产模块需要充分利用高清晰度的行为回放设备，如对参与者

录像，以此使得准行为设计者们能够最大限度地自由设计自我行为。

生产模块也使得教师能够以新的方法讲授理性选择和理性信念理论。这种方法不是一味讲授，而是让学生的身心打上公理化规范框架的印记。规则的存在并不足以成功塑造个体理性。例如，即使学过理性选择和理性信念公理，并且表面上看来也认同其"正确性"，学生依然会肆意践踏这些公理（Dawes，1998）。在讲授理性选择和理性信任公理时，可以设置大型互动式交易或赌局情境，让学生自己设想出"蒙人"及"不被人蒙"的行为策略，从而将这些公理内化为学生的行为公理，而不仅仅是局限于认知或分析层面的理解。学生经过自己的思考设计出这些行为策略，而不是接受了老师的劝导或规范训诫才转变认知，由此，这些理论才会成为学生自身心智的一部分。

作为表述模块的一部分，教师会引导学生开诚布公地讨论如何建构信念和欲望的模型，让学生充分表达他们对此问题的基本直觉，同时给出"用测度论的概率来表征信念"及"用序数或基数量度来表征效用"这两种方式背后的理由，将其作为表征个人选择行为的一种工程化方案。这样可同时满足建模者对于普适性和拟合优度的要求，足以匹敌其他众多看似合情合理的表征模型。如图 3-2 所示，图中的横轴和纵轴给出了测度"信念状态"和"欲望状态"的现象性描述值，所使用的是分析性语言。由此，这一模型框架就可以解决理性选择的表征问题，而不是给出一套易受诟病的规范性规则集。该模型中最为关键之处在于，学习者需要确定将不同的认识状态和欲望状态归约为"信念程度"或概率的效用是多大，以及将欲望、需要或偏好的程度归约为序数"效用"或基数"效用"的效用又是多大。

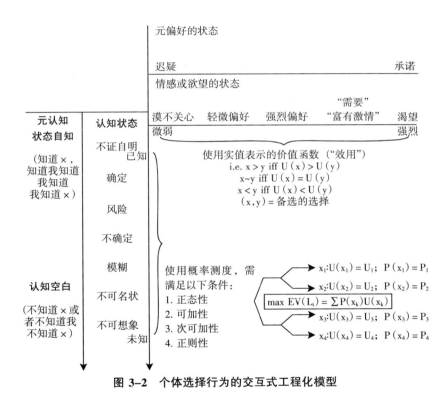

图 3-2　个体选择行为的交互式工程化模型

一旦建立了分析框架，就可以提出逆向问题，即根据观察到的行为推测个人选择的概率，这是管理的核心问题之一。由此问题引入拉姆齐-菲尼蒂主观主义概率模型（见图 3-3），以便从观察到的选择行为中推导出主体的主观概率。但是更为重要的是，主观概率框架可作为一种有效的管理工具，使得个体言行一致，也就是要求他们必须采取与其信念及赋予信念的概率相一致的隐性或显性的打赌行为。

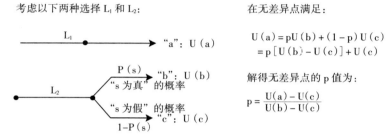

考虑以下两种选择 L_1 和 L_2：

L_1 —————● "a"：U（a）

L_2 P（s）"b"：U（b）
"s为真"的概率

"s为假"的概率
1–P（s）"c"：U（c）

在无差异点满足：

$$U(a) = pU(b) + (1-p)U(c)$$
$$= p[U(b) - U(c)] + U(c)$$

解得无差异点的 p 值为：

$$p = \frac{U(a) - U(c)}{U(b) - U(c)}$$

在实例中：U（a）＝0；U（c）＝ –（赌注）；U（b）＝净收益

因此："你认为 s 发生的可能性有多大？" ➜ "在此条件且无其他选择的情况下，你愿意下多少赌注来赢得×元？"

图 3–3　从观察到的选择行为中推导出主体的主观概率

最后，教师不是从纯粹规范性的角度去解释"个体判断为什么要遵循概率公理"，不会向学生说教——"这就是正确的思考方式"。相反，教师会用互动游戏来演示"钱泵"、效用泵或荷兰赌的设计原理，以此来说明如果交易一方对概率的测度不遵循概率公理，另一方就很可能获益（见图 3–4）。这一结果与近期的一项研究结果相吻合，虽然人类心智及管理者心智无可避免地受制于"偏见和谬误"，但经验丰富的交易者通常不会犯这些低级错误（List，2004），因为他们会通过学习而变得理性。在这个例子中，理性选择和理性信念逻辑成为主体的行动逻辑，而不仅仅是认知逻辑：主体使用这些逻辑来建构行为。因此，生产模块被视为促进主体将概念转化为其本体的基础。

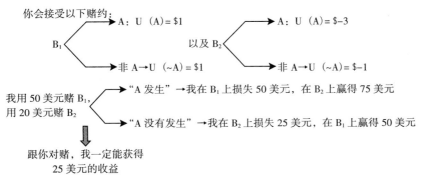

事件 A = {下周一标准普尔指数将下跌 5%或更多}
你认为：P（A）= 1/2；P（非 A）= 3/4

你会接受以下赌约：

B₁
A：U（A）= \$1
非 A→U（~A）= \$1

以及 B₂
A：U（A）= \$–3
非 A→U（~A）= \$–1

我用 50 美元赌 B₁，
用 20 美元赌 B₂

"A 发生"→我在 B₁ 上损失 50 美元，在 B₂ 上赢得 75 美元
"A 没有发生"→我在 B₂ 上损失 25 美元，在 B₁ 上赢得 50 美元

跟你对赌，我一定能获得
25 美元的收益

图 3-4　钱泵：如何从不满足信念的概率公理的个体身上获利（Lo，2004）

以上所介绍的这些教学模块，都取材于当前 MBA 课堂及其学术圈文化。这些模块所培养的技能通常为学者所熟知，用于分析、实验和准实验等，进行诚实的知识生产活动。这些模块依赖于生成性语义和语法、模型、隐喻以及表征方式等社会科学理论构建的基础工具。社会科学领域中的基本模型被当作行为设计的工程化工具，也被当作重构、再造参与者行为的研究视角。因此，基于商业学术领域现存的文化、技术以及任务定义等元素，这些模块实现了真正的实践课程。

模式 II 沟通空间的设计和实现

MBA 课堂其实是一个交往共同体。它引入新的概念，进行论证，提出理论观点，然后引证、修正、探讨反方的论点和意见。MBA 沟通场景的组成要素包括论据、观点、反驳、事实、虚构、故事、历史、预测等，它们依赖于沟通主体对人类行为和能力的不同基本假设、对具体情境的不同事实假定、不同的推理形式（演绎、归纳和溯因）、不同类型的逻辑（模态逻辑，描述性逻辑，二值逻辑，多值逻辑，模糊逻辑）、不同的验证方法（证伪、证实）以及对会话总体逻辑的不同承诺。下文将讨论操作性的整合工具，可用于与上述沟通场景吻合的 MBA 课堂。

打造 MBA 教室里的沟通空间，培养整合思维典型技能

整合思维者善于挖掘不同模式和理论之间的高增益匹配关系，也就是协同。虽然没有算法规则可以说明如何形成整合，但是就能够理解多种不可通约或冲突的模型、理论、表征方式或论证逻辑的技能而言，其内容及训练仍然可以作为 MBA 课堂的一部分，要点是，强调以下基本操作及相应"算子"。

论证的逻辑审查

要理解一项论证，至少要了解该论证的类型，知道发言者认可的推理方式和逻辑类型。因此，对论证进行逻辑上的审查是整合者的关键技能，它可以被理解为一种对话监测工具，人们可以据此理解他人或自己的论证结构。在课堂讨论中建立的逻辑审查模块有两个要素：一是对课堂出现的各种类型的论证、推理以及逻辑加以命名；二是对发言者的论证，质疑其话语结构的交往有效性①、使用及价值。

论证的分类

论证可以分为规范性论证（应该是什么）、描述性论证（是什么情况）和指示性论证（已知某种情况下，那么应该是什么情况，或者应该做什么）。论证又可以分为经验性论证和非经验性论证（包括基于不可独立验证的反思基础上的形而上论证和现象学论证）。逻辑审查的第一步是理解论题有效的理由根据，而这些理由可以用上面两个论证维度来挖掘和讨论。明显的讨论点包括：不同的严格规范性论题（如"在生产过程中绝对不应该使用童工"和"我们当然有契约责任令企业的股票价值达到最大"）之间该如何取舍？规范性论题与指示性论题（如"鉴于目前童工所处的社会经济环境，有一份低工资的工作才符合

---

① 哈贝马斯认为交往有效性体现为三个方面——真实性、正当性、真诚性（译者注）。

他们的最大利益"）之间该如何选择？规范性论题和基于描述性论题的因果论证（如"如果我们退出尼日利亚以此抗议对工人的不公正对待，另一家石油公司会乘虚而入"）之间呢？不同的形而上论证（如"关于自由的相对全局价值"与"自由或公平的非工具性价值"）之间呢？形而上论证与那些与讨论者的形而上立场背道而驰的经验性论证（如"承诺公平是否能带来效率"）之间又该如何取舍？

区分不同的推理类型

论证的各个部分如何联系？观点、前设、反驳的观点或经验事实之间如何相互连接？众多学术领域依赖于演绎（肯定前件推理以及否定后件推理）和归纳（从若干个案推出一般性的情况）推理模式，但实践者和学生经常使用的却是溯因推理（也称为最佳解释推理）。类比推理是溯因推理的一种形式，表现为"我曾见过事件 C（预设的原因）导致了在 X 情境下 E 的发生，而 X 情境的特征 R 与现在的情境很相似，并且出现了 C 情况，因此我认为 E 将会发生"。课堂讨论中经常会出现这种论证结构，其中，"我曾见过这种措施在这种情况下在我们公司奏效"常常与"我的实验数据支持的是相反观点"相互矛盾。对论证进行逻辑审查将会暴露这些冲突，揭示它们的逻辑结构，引发学生深入思考如下问题：①如何解决这些冲突？②在整个讨论中，逻辑审查的意义是什么？如果某人声称"曾经行得通的方法永远行得通"，则其论证显示出归纳逻辑的跳跃性过大。又如，有人说"在你所说的那种情况下，大家公认导致 E 出现的原因不是预设的 C，而是 D 和 F，而它们并没有出现"，其论证中的溯因推理出现了跳跃以至于有了反例，这样的论证都被认为是无效的。

区分不同的逻辑

科学，包括社会科学在内，建构于陈述式一阶二值（"真-假"）演绎逻辑，少数情况下会涉及归纳逻辑（即概率公理以及出现数据时用于更新先验概率的贝叶斯法则）。因此，科学家自然而然地练就根据不同类型的逻辑对论证进行审查的能力，他们会审视论证者的论证过程，然后指出其论证过程中违背逻辑规则的地方。然而，非正式的对话中常常会出现其他类型的逻辑，如模态逻辑（除了事实和前提外，可能性也是论证的可能依据）、多值逻辑（如东方传统中的四值逻辑，除了"真""假"两种真算子之外，还包括"亦真亦假"以及"非真非假"）、模糊逻辑（真值取值在 0 和 1 之间，但不满足独立性、有限可加性和次可加性等概率公理）以及高阶逻辑（除了承认描述事实或世界状态的陈述之外，还包含关于陈述的陈述以及关于陈述的陈述的陈述）。在 MBA 课堂这么一种沟通环境下，逻辑审查还可以扩展为对不同逻辑类型的重构，包括识别论证中的逻辑类型，并思考使用该逻辑类型的各个论证步骤的相对说服力。例如，学生们可以思考在特定情境中某种可能情况的证据权重是多少。我们又应该怎样评价那些逻辑上并不符合案例讨论前提，却对教室内学生之间的讨论有正面影响的问题陈述（如转换质询，把问题陈述从"做什么"转换为"应该做什么"）？

构造概念地图：理解论证中的概念图景

论证的基础是由概念组成的图景，讲话者在论证过程中使用概念来表征其指称的客体。代理理论将"企业"表示为一组合约；战略将企业表示为一组改变、选择和保留过程；组织行为学将企业理解为交往共同体；而商业计划设计和分析课程则将企业表示为非确定型有限状态自动机；在关于信息流以及潜在适应性的非正式讨论中，企业被表达为"大脑"；在讨论情绪传染问题的时候，企业又被视为情感关系网络；而在运营及物流优化问题的探讨语境下，企业又成为了计算机。所谓构造概念地图，就是将深藏于主体心智中的客体的表征方式（包括图景和隐喻）显性化的过程，并且对这些表征方式的相对有效性和有用性进行讨论，讨论多种表征方式之间的匹配可能。我们可以提出这样的问题：将企业组织表征为一组合约会引发你怎样的思考和怎样的行为？这种表征方式与组织"自然选择"模型相关的认知–行为观点有何区别？在什么条件下，人们会转换概念框架，这些条件与概念框架本身的特性是如何关联的？

设计质询：精致的证伪验证以及批判性检验

正如很多研究者所发现的，建构有用的新概念、新论证以及新理论很大程度上依赖于证伪之类的验证技巧，其基本过程如下：第一，针对特定理论或论证提出明确的经验检验方法，从逻辑上明确提出在何种情况下该理论或论证可能被证伪；第二，设计真实的经验检验，描述当理论或论证不成立时会观察到什么样的可能情况；第三，基于理论而对经验数据进行批判性的评价，按照第一阶段和第二阶段的方法对理论本身进行批判性检验；第四，对实验及其结果进行详尽的解释和批判性评价，再修正原始理论。以上四步过程就这样循环往复进行下去。在课堂上培养学生具备证伪能力并将这种理念印记到他们的心智和行为中，一味训诫他们遵守规则是无效的，而需要将论证和反驳结构化，使得它们在原则上以及事实上可以被检验，并且理论和论证的检验方法的设计原则是以反驳理论为导向，而不是以确证理论为目的。以下这些话步① 具有显著成效："在目前这种情况下你如何检验这个观点？""这个例子与你论证中的一般陈述相违背，你该怎么办？""这一经验数据看来不能验证你的想法，怎么办呢？"因此，我们可以将证伪视为一种沟通技术，一种将教师与学生间的交流结构化的方式，促使学生思考如何反

---

① 话步（Move）是话语分析框架中的一个层级，由话目（Act）组成（译者注）。

驳观点，而不是确认观点；思考如何检验理论，而不是辩护；思考如何批判，而不是追捧。以下是需要进一步阐述的步骤：

发现认识论封闭的信念和论证网络

这一步骤相当于逻辑审查的扩展，目的是将对应于任一具体命题的论证的认知地图绘制出来，通过以下迭代式提问而重构论证：为什么？有何意义？在什么情况下？认识论封闭的信念网络（或信念集合）呈现出循环圈（循环论证）的拓扑特征、无穷串（无限后退的困境：因为 B 相信 A，因为 C 相信 B，因为 D 相信 C，因为……）以及对绝对确定性的仰赖（"我就是知道这么回事"）。当然，这一网络还可以是上述三种结构的混合，比如"我们认为这项新技术没用，原因是，如果它有用，竞争对手早就实施了，但是他们没有，因此我们的想法是对的"。该信念网络之所以封闭，原因在于它无法回应反驳和经验检验的结果。旨在培养"生活中的证伪主义者"的模块的第一部分，其重点是发现参与者论证的全局结构。

验证和质疑理论以及一般论证

我们可以通过构建简单的对话法则来打开信念的认识论封闭网络，使之面对反驳论证，并且驳斥数据。这一对话法则要求，只要针对一般规则和原理的反驳被不同主体所接受，那么就认可它是有效的。这条规则很严苛。"我曾经在 X 情况下见过这样做是有效的（我经历过 X 情况，而你并没有），因此我认为现在也应该可以这样做"，这样的论证可能无法通过主体间性检验[①]。

理解数据并鼓励质疑数据

数据并非绝对可靠：错觉和偏见会扭曲人的纯粹感知；个体对事实的表达描述并非由感知体验决定，而是取决于个体心智活动的意识或无意识中心所内嵌的理论；科学研究活动中，学术不端与学术能力不足形影相随，导致呈现出来的数据被扭曲，难以真实反映实际观察和描述的事实。我们可以将研究活动理解为质询的一般化形式，其目的是检查并纠正认知上的欺骗和自我欺骗，并对整个过程进行反思，由此，我们可以将这种活动转变为 MBA 课堂沟通环境的一部分。将证伪主义转变为一种论证模式和一组行为倾向（而不是一种关注于"支持或反驳理论的数据"的算法或教条），便于对数据进行批判性的经验调查，并且对理论或一般论证进行批判性的考察。举个例子：教室里的论证无须止步于"C 是理论 T 的一个反例，该反例具有主体间性的可接受度，那么理论 T 就应该被抛弃"，而是可以如此延续下去："接受 C 必须基于一组一般性前提 G；因此让我们设计或思考用什么方法对 G 进行批判性的经验检验。"对于那些看似能够在课堂上一锤定音的论证和命题，不妨多加关注。这样做有助于把教学环境中的沟通体验转变为不同形式的质询实验。

---

① 主体间性（Intersubjectivity），另译"主体通性""交互主观性"，是表征自我与他我关系的现象学概念。此处指话语主体一方的论证建立在其自身的经验基础之上，而对方则没有这种经验，主体之间不具有共通性，因此这样的论证是无效的（译者注）。

设计论证和信念的选择逻辑

正如上述举例所述，证伪主义逻辑并不具备一个自然或必然的收敛点或停止规则。设想研究者提出了一般论证 A——由于代理成本对企业价值有影响，因此企业的资本结构很重要；然后想到了反例 B—— 一家低市值的上市公司，其股权比较分散，资本结构经历了多次变动，但其市值没有发生变化；又认为反例 B 依赖于一般性原则 C 和 D，也就是该研究者所采用的研究方法中蕴含的假设；而 C 和 D 本身接受经验证伪物 E 和 F，亦即在 E 和 F 的情况下，这些研究方法能够可靠获取有效结果；但是研究者只找到了 F，而没有找到 E；接着发现 F 能否被接受依赖于一般性原则 G 是否被满足，于是还需要提出证伪物 H、I、J、K 等。因此，必须在主体面对论证闭合诱惑的情况下训练其掌握证伪主义的习惯。精致的证伪主义，如拉卡托斯（1970）的理论，已经意识到科学工作者需要像其他问题解决者一样行事，并且提出了一种"行动者的证伪主义"方法。该方法指出，研究者应以反驳理论为导向，批判性地并行检验两种以上的不兼容模型或理论，然后暂且选择其中一种理论，选择的依据则包括理论在经验检验中的表现、理论的经验魄力以及经验预测的新颖性和有用性。除了肯定模型冲突和模型对峙本身的重要价值之外，精致证伪主义方法还强调设计模型或理论的选择标准，可选用的变量包括简洁性、经验广度、逻辑关联性和融贯性以及预测的新颖性。教学讨论所关注的是参与者在论证结束时依据什么而取舍不同观点，从而潜在地培养学生对认识选择的实用性和普遍性的敏锐洞察。

交往伦理：构建和维系持续性的元对话

以上讨论表明，交往伦理在课堂上扮演着首要角色。交往伦理意味着一套话语规则，人们在进行论证、回应他人论证以及反驳论证时需要遵守这套规则。既然整合思维者必须能够敏锐观察自己的思考过程，而思考正是一种内在对话形式，那么课堂上进行的对话就可以作为对话者内在思考过程的原型或模板。对话参与者就对话规则和原则进行讨论，这样的讨论就成为一种元对话，可内化为参与者自身"对于思考的思考过程"。那么，话语伦理的哪些高层次要素可以明确为课堂中的要求而加以提倡和鼓励，并要求学生遵循？我们可以关注任何一种话语情境的以下这些基本问题，在课堂中明确或含蓄地讨论这些问题：

实现逻辑闭合的动态过程是怎样的？

具体而言，当一项论证在逻辑上无法获得结论，或者说，无法寻得令所有参与者都对推迟闭合感到满意的阿基米德点，那么会怎样呢？当某人提出前提 A 和 B，而前提 B 和常识假设 C 合取蕴含了非 A，这会怎样？当某人刚刚推论得出论证 F 和 G，但却声称不知道这两项论证的逻辑结果是什么，又会如何？

沟通开放性是如何动态变化的？

具体而言，如果一项论证在课堂讨论中被强行制止，或者因现场插话而终止（如时间到了，或者课堂上其他人已经没有热情回应了），这时该怎么办？或者一项论证因为其非经验性就被贸然打断，而事实上大家对于是否只能接受经验论证这一沟通规则都还没有达成共识，那么又会如何？

回应是如何动态变化的？

具体而言，当某位讨论者论证了自己的观点 V，旁人用 X 和 Y 进行反驳，此人进行了回应，但并没有实质性地将 X 和 Y 引入 V，也就是没有明确提出 X 和 Y 是如何与 V 关联的，这样会如何？

在前文的模式 1 和模式 2 中，我们指出，商学院不应该一味传授信息和知识结构（包括"语言"），学者们应该将自身的一手体验传授给学生，将自我"存在形式"相关的认知-行为模块印记到学生身心之上，无论这些模块多么复杂。下文将用一些成功的教学项目案例来支持我们的观点。这些教学项目建立了本体和本体论之间的桥梁，也就是建立了概念和行为之间的连接关系。我们认为，这正是这些教学项目及其所属学科的关键成功因素。

连接本体－本体论：开发认知－行为
模块的合理性

为了说明认知－行为模块及其在教学中如何发挥作用，我们将以如今被视为"成功典范"的两类教学项目为例。我们认为，这些项目的成功与一个事实有关：它们很好地弥合了本体－本体论之间的缺口，使得理论与实践紧密联系。这正是前文所述教学模块的目标。

医学教育和金融工程教育的成功性在于弥补了本体－本体论缺口

成功的医科教育乃至一般职业医学教育的基石，就是医学领域学者和从业者所熟知的、基于认知－行为模块的职业培训体系。[1]传统医学成功促成科学与实践的联姻，从而取得了疾病诊断和

---

[1] 与本尼斯和奥图不同，我们并不提倡 MBA 教育应该效仿医学教育，也怀疑在缺少资质认证的情况下医学教育依然能获得成功（请参见引言部分）。我们希望强调的是，医学教育体系为我们提供了一种优秀的教学模式，教师和研究者的能力与实践者技能被有效整合。在经过基础科学的训练之后，医学专业的学生不会向老师提出"为什么我应该学习这个"以及"这些有什么用"此类问题。然而现实情况是，医学实践成功借助科学以及科学方法的合法性在疾病诊断和治疗方面获得了权威地位。我们并不确定医学教育模式的成功是否已经为医疗效果的提升所佐证，只有设计出培养医生的新方法来加以比较，我们才能对此有所定论。

治疗技术方面的垄断地位（Abbott，1988；Starr，1982）。这种联姻既在实践中植入了科学精神，又为医学研究提供了实践相关的问题库。反过来说，这种联姻关系既提升了医学研究的实践相关性，也增强了医学实践的科学合理性。

那么，这是如何实现的？我们可以将医疗活动中的行为及认知的深层结构描绘出来，探索其中的论证逻辑（声明式逻辑或模态逻辑）、可接受的推理形式（演绎、归纳、溯因）以及基本解释逻辑（因果解释、功能解释和意向性解释）。我们发现，医生的诊疗过程如下：一开始识别症状，进行鉴别诊断，开具检验单，诊断病因，最后制定治疗方案。这一过程正好体现了心智坚毅的科学家的认知-行为架构，所强调的是演绎逻辑、逻辑闭合、经验可验性、可反驳性以及以判定假设为目的的事实反驳。上述诊疗过程还无缝交织着不同的设计技能，亦即模态逻辑与声明式逻辑并存，溯因推理与归纳、演绎并存，意向性解释、功能解释与因果解释并存。

对于医学研究人员而言，"科学的心智"对其整体生产函数的贡献显而易见且富有价值。所谓医学教育过程，就是在医学-科学交织的复杂体系中培养出医生的过程。科学心智被自然而然地整合其中，而且在任何时候都不需要刻意强调合理性或相关性，因为"科学的逻辑"本来就是医学实践逻辑的一部分，原本就足以确保知识的合理性或有用性（见图3-5）。对于大多数 MBA 学生而言，概率公理貌似有用，实用价值却极为有限。

但是对于训练有素的医生来说，生成不同的诊断集、设计用于鉴别诊断的实验室检验方法的逻辑并不是理论逻辑，而是活生生的实践逻辑。因此，逻辑就是行动，而不仅仅是一套准则。

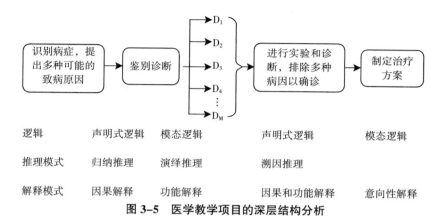

图 3-5　医学教学项目的深层结构分析

同样，我们也可以对金融培训进行深层结构分析。金融教育是 MBA 体系的一部分，如今也成为专门培养金融工程师及金融科学家的项目，这类培训项目成功创造了一种教学体验。我们注意到，无论是 MBA 的批评者（前文已经择要讨论）还是这些批评的反驳者（De Angelo，De Angelo & Zimmerman，2005），通常都认同金融教授创造了有用的、可传授的知识，并成功将知识传授给了 MBA 学生。这些知识具有可被测量的"市场价值"，且价值巨大。这是为什么呢？我们认为，金融培训建立在若干基础之上。首先，教学中所进行的讨论基于学者和实践者都认可的问题陈述。其次，金融学领域具有一个不受质疑的本体论，

即一组"有实践意义"并且"真实存在"的客体集合。同时，
还存在一个广为金融学者接受的信念验证及选择的自我强化机
制，这种机制会惩罚违反规范性原则的打赌行为（见图 3-6）。
组织行为、战略以及市场营销等学科领域的研究活动中，概念
图式被用来理解管理现象，但它们与作为研究对象的管理者所
用的图式并没有多少共通之处。相比之下，金融的本体论为金
融学者提供了概念图式，用交易员和投资者常用的语言来解决
他们所面临的问题。从而，金融领域的本体和本体论维度之间
没有分裂；金融学者拥有一个预装的大型问题库，这些问题与
他们解决问题所用的概念和理论在本体层面是对应的。

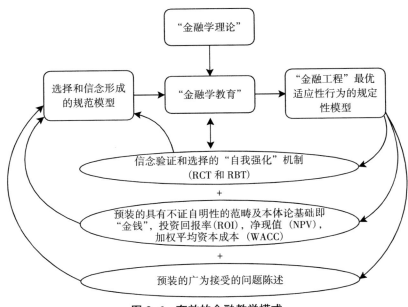

图 3-6 有效的金融教学模式

预装的问题库、客体以及认识论构成了金融理论的规范性基础。金融工程的训练不仅为学习者提供行动指令，而且培养生成行动指令的能力，更为重要的是，它还灌输了一种兼具"科学"和"设计"的思维模式（类似于医学训练的模式），由此培养问题陈述的表述能力。预装的、"不证自明"的基础知识和实践库使金融学科得以将金融"科学"无缝转化为金融"实践"。该学科所培养的科学技能正是实践者正在使用的技能，由此金融学科得以为自己的价值正名。

我们举出上述例子，并不是提倡其他管理学科仿效金融学科去缩小公理基础，以纯粹技术性和还原论的方式来解决问题。事实上，在其他管理学科中，研究者和学习者的活动之间不存在本体论的匹配度，因此这种仿效是无法做到的。我们需要理解，这些学科就不应该尝试去仿效金融学，其原因正是这些学科缺少"不受质疑的"本体论和认识论"预装基础"。我们以金融学为例，是希望强调构建可传授的、有用的认知行为模块及其操作的重要性。医学的"科学化"大获成功，鉴于此，在实践导向的教学项目中加入科学研究技能也是可行的。此举将影响我们如何理解 MBA 的定义以及 MBA 学位对于学生个人及组织的价值。但是，对于商学学术圈而言，这样的转变发生在沟通实践以及方法论技巧的层面，而不是更低层次的技能知识和实践知识层面。我们认为，应用型社会科学学者所使用的质询方法和沟通模式，要比"理论"和"数据"更有价值，这些理论和数据常常意味着质询和对话的终结。

第四章 重构性的总结

本书提出了若干项建议，至此有必要梳理一下，将各个方面的内容汇总起来，明晰其中的关联。

一开始，我们将 MBA 看作训练和培养经理人的项目，讨论了近年来对于 MBA 的批评观点。我们认为许多批评意见忽视了 MBA 在人才筛选方面的重要性，亦即其作为筛选机制或过滤机制的价值。基于一般智力、责任感等有效的考核指标，这种机制挑出了具有管理潜力的人才。许多讨论无视这一价值，因而很难解释为什么即使 MBA 作为人才培养项目的效果不尽如人意，但 MBA 毕业生依然在市场上获得追捧。具体而言，我们认为：

（SV-MBA）对于潜在雇主而言，MBA 的人才筛选机制具有显著、可见、稳健的价值，这种机制与其人才培养功能不可分离。

如果如明兹伯格所言，当市场需要一种人才选择机制时，就授权雇主企业承担这项功能，那么就会产生这么一种情形：顾客愿意花钱购买一项服务，结果倒过来成了这项服务的承包商。事实上，组织内的"人才比拼"能否有效地实现 MBA 学位所提供的筛选功能，这一点尚不明确，原因在于：对于组织来讲，人才筛选工作的价值最大化体现在管理生命周期的某一时点——才华横溢、充满抱负、"三十而立"的年华，此时的组织层级结构最为扁平，人才筛选的成本也最高。

对 MBA 的人才筛选价值的认可得以推导出两项重要推论。首先，即使 MBA 项目在人才培养方面毫无建树，我们依然可以认为它给人才的"最终用户"提供了重要且稳定的经济利益，这使得 MBA 教育者有足够的空间去设计和试验新的人才培养模式。诚如若干批评者所言，目前的 MBA 在人才培养方面不尽如人意，但无须为此感到惊慌失措，我们有足够的理由开展创新驱动的教学设计。其次，如果我们认识到 MBA 项目承担着人才筛选的功能，那么就可以重新设计和优化筛选的标准和尺度。但是，最终能达到什么目的呢？

我们已经讨论过，目前对 MBA 的批评之声并没有阐明 MBA 项目功能的目标函数之愿景，我们将这种愿景称为"高价值决策者"，而且我们认为这种愿景不能由市场来阐释。因为市场只是概念的接受者，而不是概念的定义者；市场只挑选概念，但不表述概念；市场处理信息，但无法设计信息。只有与这一愿景联系起来，我们才能衡量 MBA 的整体价值，才能推动在教育模式方面积极主动的设计和原型化尝试。否则的话，我们就只能在事后对课程和结构方面的变革进行效果评估，仅仅根据眼前的短期回报来推断长期价值。这对于需要在有限时间内完成学术变革的制度结构而言并非易事。

因此，我们阐释了"未来的高价值决策者"这么一种愿景，将这种人才称为"整合者"。所谓整合者，能够建设性地协调不同模式、不同理论、不同的信念、认知、行动及存在形式之间的冲突，能够在典型的后现代组织环境中成功行事。我们认为：

（INT-V）整合者的生产函数具有很大价值，不可转包，也无算法规则可循。

我们比较了整合者与优化者的生产函数。优化者的任务是权衡投入组合，以期达到组织运营的帕累托最优边界。与此相反，我们认为整合者能够向外推展优化者试图达到的帕累托边界。我们还举例说明了整合者的生产函数，并用现象学方法对整合任务进行了分析。整合任务呈现出隐性的知识和技术知识，而非事实知识。整合任务无法简化为算法化的表达方式，所代表的是管理者以及更为广泛的有才识的行动者在行为及思考层面对根本性问题进行处理、化解或破解的能力。在过去 100 年里，主流科学的核心研究领域对这些根本问题进行了理论上的探索，而整合者用行动解决了这些狭隘的专业人士在理论上都难以解决的问题。

在此基础之上，我们尝试将整合者的特质总结出来，由此论证并修正 MBA 项目的人才筛选标准。我们认为，除了责任感和一般智力之外，这种"制度化"的人才筛选核心标准还应该包括对开放性及执行功能的考量。这两项标准反映出整合者管理自我内在情感和认知过程的能力，使其不仅能够思索不同的可能世界，而且依然维持行动能力，即使身处本质上无以解决的复杂事态中，依然能够自我控制并有所作为。由此，我们认为应该增补、修订 MBA 现有的、从未被认真优化过的人才筛选标准。

我们的下一个问题是：与现状相比，商学院的教授是否能够胜任这一重任，实施更有前景的培养计划？我们将整合者生产函数的不同组成部分投射到商学学者的智识和行为领域。结果发现，尽管多数情况下商学院传授的事实知识没有太大价值，但是教授们所能提供的技能知识却被低估了。如果我们关注一下过去 20 年商学领域出现的趋势，就会发现这种技能知识的价值是可以显著增加的。这些趋势可用于创设"新的科学"，前提是解除强加给商业学术思维的学科束缚，它们来自经济学、心理学和社会学等基础学科分支的方法论和概念约束；同时将商业研究的概念基础和方法论实践从其目前"更受尊重"的先导学术中解放出来。具体而言，我们提出：

（KH-KW）对于整合者而言，商学教授的研究技能比他们在教室里用传统方法传授的知识结构要有用得多。

我们举了例子：科学研究中的证伪主义与以反驳为导向的模型检验逻辑具有相似性。我们指出，对于那些商学院的教授理所当然要接触、整合者也必须把握的特定现象或事件，表述模型的能力十分重要。我们还提到了反思性和开放的沟通空间的构建。这些沟通空间不仅对探求新理论、新模型很重要，而且对管理不可通约的世界模型、认知方式、推理标准之间的冲突等困难情形也很重要。

进而我们提出以下假设：

（KH-MT）通过话语互动和模仿灌输，教师可以成功地传授具有实践相关性、有价值的技能知识。

我们据此总结了一组认知-行为教学模块及其基本实施方法，它们是教师的抓手，借此把有用的技能知识传授给未来经理人。我们还指出，可以通过两种方式来开发和培育这些模块：一是构建思维和行动设计实验室，此举强调学术知识创造及验证的施为属性；二是在 MBA 课堂上构建沟通空间，由此潜移默化地培养学生的素质和能力，而非强调实质内容的讲授。

MBA 的教学体验应该关注知识的施为属性，而不是表征属性。为了支持这种观点，我们讨论了医学教育和金融工程教育等成功的教学模式，它们既有的基础是在本体论的视阈中识别本体。这些教学模式将实践中具体呈现的技能与大脑设想的所谓实践技能小心翼翼地统一起来。由此，我们得出以下这一简单的设计准则，其效用可能远远超过我们在这里所讨论的范围：

（OO-TP）在任何可能的情况下，设计教学要素，使之体现本体和本体论维度的统一。

用海因茨·冯·福尔斯特（Heinz von Foerster）的优美语言来讲，就是"如果你想学习如何思考，首先必须学会如何行动"

（von Foerster，2003）。

至此，我们已经讨论了前述对 MBA 的质疑所引发的问题。例如，戈沙尔认为 MBA"理论"对商业实践有害，而我们点破了这一批评站不住脚的原因：认识论的不充分决定性使得规范性假设被混入描述性框架之中，因此，通过某种概念视角获得的对世界之理解与特定的行动方式之间不存在因果关系。然而，只有掌握了某种技能，才能摆脱自以为是的因果观念。这种技能既是整合者所必备，也是学术操守所使然。此外，MBA 被拿来与医学或法学教育之类的"典范教育模式"相比较，而这些模式则被认为更为成功地将理论与实际结合起来。但我们指出这种比较也有不妥。我们要做的是理解其他教学项目理论结合实践的方法，以便悟出真谛，也就是理解教学中如何使得概念、客体以及活动结合起来，而不是"进口"一种似是而非的、让实践者介入教学（以及反之）的制度结构。最后，我们指出，当下商学院的管理者遵循教授们所绘制的路径进行制度化和专业化的改革并不足以解决 MBA 的问题。我们必须树立愿景，阐明学术技能对于高价值决策人才的认知行为知识的价值，以此来提升 MBA 的改革。由此，我们才能够宣称，本书提倡的印记式教学所具备的价值将超越重复性的复制。

参考文献

Abbott, A. G. (1988). *The system of professions.* Chicago: University of Chicago Press.

Abelson, R. P. (1986). Beliefs are like possessions. *Journal for the Theory of Social Behaviour,* 16 (3), 223–250.

Abelson, R. P., Frey, K. P. & Gregg, A. P. (2004). *Experiments with people: Revelations from social psychology.* Mahwah, NJ: Erlbaum.

Albert, H. (1985). *Treatise on critical reason.* Princeton, NJ: Princeton University Press.

Anderlini, L. & Felli, L. (1994). Incomplete Written Contracts: Undescribable States of Nature. *The Quarterly Journal of Economics,* 109 (4), 1085–1124.

Anderson, J. R. (1978). Arguments concerning representations for mental imagery. *Psychological Review,* 85 (4), 249–277.

Apel, K.-O. (1980). *Towards a transformation of philosophy.*

London: Routledge & Kegan Paul.

Argyris, C. (1980). Some limitations of the case method: Experiences in a management development program. *Academy of Management Review*, 5 (2), 291–298.

Argyris, C. (1993a). *Knowledge for action: A guide to overcoming barriers to organizational change*. San Francisco: Jossey – Bass.

Argyris, C. (1993b). *On organizational learning*. Cambridge, MA: Harvard University Press.

Argyris, C. & Schon, D. (1978). *Organizational learning: A theory of action perspective*. Reading, MA: Addison–Wesley.

Astley, W. G. & Zammuto, R. F. (1992). Organization science, managers, and language games. *Organization Science*, 3 (4), 443–460.

Audi, R. (1988). *Epistemology: An introduction*. New York: Cambridge University Press.

Barnard, C. I. (1968). *The functions of the executive*. Cambridge, MA: Harvard University Press.

Baum, J. & Dobbin, F. (2000). Doing interdisciplinary research in strategic management–without a paradigm war. *Advances in Strategic Management*, 17, 389–410.

Bayes, T. (1763). An essay towards solving a problem in the

doctrine of chances. *Philosophical Transactions of the Royal Society*, 53, 370-418.

Bazerman, M. (1995/2002). *Judgment in managerial decision making*. New York: Wiley.

Beardsley, S. C., Johnson, B. C. & Manyika, J. M. (2006). Competitive advantage from better interactions. *McKinsey Quarterly*, No.2, 52-63.

Bell, D., Raiffa, H. & Tversky, A. (1988). *Decision making: Normative, descriptive, and prescriptive approaches*. New York: Cambridge University Press.

Bennis, W. G. & O'Toole, J. (2005). How business schools lost their way. *Harvard Business Review*, 83 (5), 96-104.

Berlinski, D. (2001). *The advent of the algorithm*. New York: Basic Books.

Burt, R. S. (2000). The network structure of social capital. In R. I. Sutton & B. M. Staw (Eds.), *Research in organizational behavior*. Greenwich, CT: JAI Press.

Dawes, R. (1988). *Rational choice in an uncertain world*. Orlando, FL: Harcourt Brace Jovanovich.

Dawes, R. M. (1998). Behavioral decision making. In D. T. Gilbert, S. T. Fiske & G. Lindzey (Eds.), *Handbook of social psychology* (4th ed., Vol. 1, pp. 497-548). Boston: McGraw-Hill.

De Angelo, H., De Angelo, L. & Zimmerman, J. L. (2005). What's really wrong with U.S. business schools? Working paper, University of Rochester, Social science Research Network paper 766404, available at www.ssrn.com.

De Finetti, B. (1937). La prevision: Ses lois logiques, ses sources subjectives. *Annales de L'Institut Henri Poincare*, 7, 1–68.

Dreyfus, H. L. & Dreyfus, S. E. (1986). *Mind over machine: The power of human intuition and expertise in the era of computers.* New York: Free Press.

Duhem, P. (1913/1989). *The aim and structure of physical theory.* Princeton, NJ: Princeton University Press. (Original work published 1913).

Elster, J. (1982). Marxism, functionalism, and game theory: The case for methodological individualism. *Theory and Society*, 11 (4), 453–482.

Eysenck, H. J. (1995). *Genius: The natural history of creativity.* Cambridge, U.K.: Cambridge University Press.

Frank, R. H., Gilovich, T. & Regan, D. T. (1993). Does studying economics inhibit cooperation? *Journal of Economic Perspectives*, 7 (2), 159–171.

Friedman, M. (1953). The methodology of positive economics. In M. Friedman, *Essays in positive economics.* Chicago: University

of Chicago Press.

Friedman, T. L. (2005). *The world is flat*. New York: Basic Books.

Gallese, V., Keysers, C. & Rizzolatti, G. (2004). A unifying view of the basis of social cognition. *Trends in Cognitive Sciences*, 8 (9), 396–403.

Gardner, H. (1993). *Frames of mind: The theory of multiple intelligences*. New York: Basic Books.

Gemes, K. (1997). Inductive skepticism and the probability calculus I: Popper and Jeffreys on induction and the probability of law–like universal generalizations. *Philosophy of Science*, 64 (1), 113–130.

Ghoshal, S. (2005). Bad management theories are destroying good management practices. *Academy of Management Learning & Education*, 4 (1), 75–91.

Gigerenzer, G. (1991). From tools to theories: A heuristic of discovery in cognitive psychology. *Psychological Review*, 98 (2), 254–267.

Gigerenzer, G. & Goldstein, D. G. (1996). Mind as computer: The birth of a metaphor. *Creativity Research Journal*, 9 (2), 131–144.

Gigerenzer, G., Swijtink, Z., Porter, T., Daston, L., Beat–

ty, J. & Krüger, L. (1989). *The empire of chance: How probability changed science and everyday life.* Cambridge, UK: Cambridge University Press.

Gilovich, T. (1991). *How we know what isn't so: The fallibility of human reason in everyday life.* New York: Free Press.

Goldberg, L. R. (1992). The development of markers for the Big Five factor structure. *Psychological Assessment*, 4 (1), 26-42.

Goodman, N. (1974). *Fact, fiction, and forecast.* Cambridge, MA: Harvard University Press.

Gottfredson, L. S. (1997). Why g matters: The complexity of everyday life. *Intelligence*, 24 (1), 79-132.

Greenwald, A. G. (1980). The totalitarian ego: Fabrication and revision of personal history. *American Psychologist*, 35 (7), 603-618.

Grice, H. P. (1975). Logic and conversation. In P. Cole & J. Morgan (Eds.), *Syntax and semantics* (Vol. 3). New York: Academic Press.

Grove, A. S. (2001). *Swimming Across: A Memoir.* Warner Books.

Habermas, J. (1984). *The theory of communicative action.* *Trans.* Thomas McCarthy. Boston: Beacon Press.

Habermas, J. (1993). *Moral consciousness and communicative*

action. Cambridge, MA: MIT press.

Hacking, I. (1975). *Why does language matter to philosophy?* New York: Cambridge University Press.

Heath, C. & Tversky, A. (1991). Preference and belief: Ambiguity and competence in choice under uncertainty. *Journal of Risk and Uncertainty*, 4, 5–28.

Heidegger, M. (1973). *The question concerning technology*. Trans. Joan Stambaugh. New York: Harper.

Heidegger, M. (1996). *Being and time. Trans.* Joan Stambangh. Albany: State University of New York Press. (Original work published 1927).

Hempel, C. G. (1941). *Philosophy of natural science*. New York: Prentice Hall.

Higgins, D. M., Peterson, J. B., Pihl, R. O. & Lee, A. G. M. (2007). Prefrontal cognitive ability, intelligence, Big Five personality, and the prediction of advanced academic and workplace performance. *Journal of Personality & Social Psychology*, 93 (2), 298–319.

Homer–Dixon, T. (2000). *The ingenuity gap: How can we solve the problems of the future?* New York: Knopf.

Howson, C. (1995). Theories of probability. *British Journal for the Philosophy of Science*, 46, 218–239.

Howson, C. (2001). The logic of Bayesian probability. In D. Corfield & J. Williamson (Eds.), *Foundations of Bayesianism*. Boston: Kluwer Academic.

Ickes, W. (Ed.). (1997). *Empathic accuracy*. New York: Guilford Press.

Jensen, M. C. & Meckling, W. H. (1976). Theory of the firm: Managerial behavior, agency costs and ownership structure. *Journal of financial economics*, 3 (4), 305–360.

Johnson, B. C., Manyika, J. M. & Yee, L. A. (2005). The next revolution in interactions. *McKinsey Quarterly*, 4, 20–34.

Kahneman, D. & Lovallo, D. (1994). Timid choices and bold forecasts. In R. P. Rumelt, D. Schendel & D. J. Teece (Eds.), *Fundamental issues in strategy: A research agenda*. Boston: Harvard Business School Press.

Kahneman, D., Slovic, P. & Tversky, A. (1982). *Judgment under uncertainty: Heuristics and biases*. New York: Cambridge University Press.

Kahneman, D. & Tversky, A. (1982). Subjective probability: A judgment of representativeness. In D. Kahneman, P. Slovic & A. Tversky (Eds.), *Judgment under uncertainty: Heuritics and biases*. New York: Cambridge University Press.

Kelley, H. H. (1973). The process of causal attribution.

American Psychologist, 28 (2), 107–128.

Klein, G. (1998). *Sources of power*. Cambridge, MA: MIT Press.

Kreps, D. M. (1990). Corporate culture and economic theory. In J. E. Alt & K. A. Shepsle (Eds.), *Perspectives in Positive Political Economy*. New York: Cambridge University Press.

Kruglanski, A. W. & Webster, D. M. (1996). Motivated closing of the mind: "seizing" and "freezing". *Psychological Review*, 103 (2), 263–283.

Kuhn, T. (1962). *The structure of scientific revolutions*. Chicago: University of Chicago Press.

Lakatos, I. (1970). Falsification and the methodology of scientific research programmes. In I. Lakatos & A. Musgrave (Eds.), *Criticism and the growth of knowledge*. Cambridge, UK: Cambridge University Press.

Lakoff, G. & Johnson, M. (1999). *Philosophy in the flesh: The embodied mind and its challenge to western thought*. New York: Basic Books.

Langer, E. J. (2000). Private communication.

Laplace, P. S. (1966). *Mécanique céleste*. Trans. by Bowditch. New York: Chelsea. (Original work published 1799).

Lipman, B. L. (1991). How to decide how to decide how to...:

174

Modeling limited rationality. *Econometrica*, 59（4）, 1105–1125.

List, J. A. (2004). Neoclassical theory versus prospect theory: Evidence from the marketplace. *Econometrica*, 72(2), 615–625.

Lo, A. W. (2004). The adaptive markets hypothesis. *Journal of Portfolio Management*, 30 (5), 15–29.

Lyotard, J.-F. (1979). *The postmodern condition*. Minneapolis: University of Minnesota Press.

Mannheim, K. (1989). *Ideology and utopia*. Chicago: Northwestern University Press. (Original work published 1935).

March, J. G., Sproull, L. & Tamuz, M. (1991). Learning from samples of one or fewer. *Organization Science*, 2 (1), 1–13.

McKelvey, B. (1997). Quasi-natural organization science. *Organization Science*, 8 (4), 352–380.

McKelvey, B. (1999). Avoiding complexity catastrophe in co-evolutionary pockets: Strategies for rugged landscapes. *Organization Science*, 10 (3), 294–321.

Merritt, J. (2003). What's an MBA really worth? *Business-Week*, September 11.

Miller, D. (1974). Popper's qualitative theory of verisimilitude. *The British Journal for the Philosophy of Science*, 25 (2), 166–177.

Miller, D. (1994). *Critical rationalism: A restatement and defence*. Chicago: Open Court.

Mintzberg, H. (2004). *Managers, not MBAs: A hard look at the soft practice of managing and management development.* San Francisco: Berrett-Koehler.

Moldoveanu, M. (2000). Foundations of the open society: Discourse ethics and the logic of inquiry. *Journal of Socio-Economics,* 29 (5), 403-442.

Moldoveanu, M. (2002). Language, games and language games. *Journal of Socio-Economics,* 31, 233-251.

Moldoveanu, M. (2005). An intersubjective measure of organizational complexity: A new approach. In K. Richardson (Ed.), *Managing organizational complexity: Philosophy, theory and application.* Greenwich: Information Age Publishing.

Moldoveanu, M. C. (2002). Epistemology in action: A framework for understanding organizational due diligence processes. In C. W. Choo & N. Bontis (Eds.), *The strategic management of intellectual capital and organizational knowledge.* New York: Oxford University Press.

Moldoveanu, M. C. & Baum, J. A. C. (2002). Contemporary debates in organizational epistemology. In J. A. C. Baum (Ed.), *The Blackwell companion to organizations.* Malden, MA: Blackwell.

Moldoveanu, M. C. & Langer, E. J. (2002). False memories of the future: A critique of the applications of probabilistic reasoning to the study of cognitive processes. *Psychological Review*, 109 (2), 358-375.

Moldoveanu, M. C. & Martin, R. L. (2001). Agency theory and the design of efficient governance mechanisms. Paper prepared for the Joint Committee on Corporate Governance, Canadian Institute of Chartered Accountants White Paper 01 -2001, available from www.cica.org.

Moldoveanu, M. C. & Singh, J. V. (2003). The evolutionary metaphor: A synthetic framework for the study of strategic organization. *Strategic Organization*, 1 (4), 439-449.

Morgan, G. (1997). *Images of organization*. Hillsdale, NJ: Sage.

Munger, C. (1998). Worldly wisdom re-visited. *Outstanding Investor Digest*, 13, 1-2.

Muraven, M. & Baumeister, R. F. (2000). Self-regulation and depletion of limited resources: does self-control resemble a muscle? *Psychological Bulletin*, 126 (2), 247-259.

Nickerson, R. S. (1996). Ambiguities and unstated assumptions in probabilistic reasoning. *Psychological Bulletin*, 120 (3), 410-433.

Niiniluoto, I. (1998). Verisimilitude: The third period. *British Journal for the Philosophy of Science*, 49 (1), 1-29.

Nisbett, R. & Ross, L. (1980). *Human inference.* Hillsdale, NJ: Erlbaum.

Nozick, R. (2001). *Invariances: The structure of the objective world.* Cambridge, MA: Belknap Press.

Pfeffer, J. (1978). The micropolitics of organizations. In M. W. Meyer (Ed.), *Environments and organizations.* San Francisco: Jossey-Bass.

Pfeffer, J. (1993). Barriers to the advance of organizational science: Paradigm development as a dependent variable. *Academy of Management Review,* 18 (4), 599-620.

Pfeffer, J. (2006). The end of business schools? Presentation to the Future of the MBA conference for business school deans and their critics, March 26-27, 2006, Desautels Centre for Integrative Thinking, Rotman School of Management, University of Toronto.

Pfeffer, J. & Fong, C. T. (2002). The end of business schools? Less success than meets the eye. *Academy of Management Learning & Education,* 1 (1), 78-95.

Pfeffer, J. & Fong, C. T. (2004). The business school "business": Some lessons from the US experience. *Journal of Management Studies,* 41 (8), 1501-1520.

Popper, K. (1959). *The logic of scientific discovery.* London: Hutchinson.

Popper, K. (1961). *The poverty of historicism* (2nd ed.). London: Routledge.

Popper, K. R. (1973). *Objective knowledge*. London: Routledge.

Popper, K. R. (1979). *Knowledge and the body-mind problem*. London: Routledge.

Popper, K. R. (1983). *Realism and the aim of science*. London: Routledge.

Porter, L. W. & McKibbin, L. E. (1988). *Management education and development: Drift or thrust into the 21st century*. New York: McGraw-Hill.

Porter, M. E. (1996). What is strategy? *Harvard Business Review*, 86 (5), 926-929.

Quine, W. v. O. (1969a). Natural kinds. In W. v. O. Quine, *Ontological relativity and other essays*. New York: Columbia University Press. (Original work published 1951).

Quine, W. v. O. (1969b). Ontological relativity. In W. v. O. Quine, *Ontological relativity and other essays*. New York: Columbia University Press. (Original work published 1951).

Ramsey, F. P. (1931). Truth and probability. In R. B. Braithwaite (Ed.), *The foundations of mathematics*. London: Routledge & Kegan Paul.

MBA 的未来
——设计未来的思考者

Roethlisberger, F. J. (1980). *The elusive phenomena: An autobiographical account of my work in the field of organizational behavior at the Harvard Business School.* Cambridge, MA: Harvard University Press.

Roth, A. E. (2002). The economist as engineer: Game theory, experimentation, and computation as tools for design economics. *Econometrica*, 70 (4), 1341–1378.

Saloner, G. (1994). Game theory and strategic management. In R. P. Rumelt, D. E. Schendel & D. J. Teece (Eds.), *Fundamental issues in strategy*. Boston: Harvard Business School Press. (Original work published 1991).

Saul, J. R. (1992). *Voltaire's bastards: The dictatorship of reason in the West*. New York: Random House.

Savage, L. (1954/1972). *Foundations of statistics*. New York: Dover. (Original work published 1954).

Schelling, T. (1984). The mind as a consuming organ. Presentation to Working Group on Rationality, Maison des sciences de L'Homme (Paris). In J. Elster (Ed.), *The Multiple Self*. New York: Cambridge University Press.

Schmidt, F. L. & Hunter, J. E. (1998). The validity and utility of selection methods in personnel psychology: Practical and theoretical implications of 85 years of research findings. *Psychological*

Bulletin, 124（2）, 262–274.

Schwarz, N. （1998）. Accessible content and accessibility experiences: The interplay of declarative and experiential information in judgment. *Personality and Social Psychology Review*, 2（2）, 87–99.

Schwarz, N. & Bless, H. （1992）. Constructing reality and its alternatives: Assimilation and contrast effects in social judgment. In L. L. Martin & A. Tesser （Eds.）, *The construction of social judgment*. Hillsdale, NJ: Erlbaum.

Schwarz, N., Strack, F. & Mai, H. P. （1991）. Assimilation and contrast effects in part–whole question sequences: A conversational logic analysis. *Public Opinion Quarterly*, 55（1）, 3–23.

Schwenk, C. R. （1984）. Cognitive simplification processes in strategic decision making. *Strategic Management Journal*, 5（2）, 111–128.

Searle, J. R. （2001）. *Rationality in action*. Cambridge, MA: MIT Press.

Simon, H. （1986）. The science of design: Creating the artificial. In H. A. Simon （Ed.）, *The sciences of the artificial*. Cambridge, MA: MIT Press （Original work published 1969）.

Simon, H. A. （1990）. Invariants of human behavior. *Annual Review of Psychology*, 41, 1–19.

Sloan, A. P. （1964）. *My years with General Motors*. New

York: Doubleday.

Starr, P. (1982). *The social transformation of American medicine*. Cambridge, MA: Harvard University Press.

Sternberg, R. J. (1985). *Beyond IQ: A triarchic theory of human intelligence*. New York: Cambridge University Press.

Tversky, A. & Kahneman, D. (1980). Causal schemas in judgments under uncertainty. In M. Fishbein (Ed.), *Progress in social psychology*. Hillsdale, NJ: Erlbaum.

Tversky, A. & Kahneman, D. (1982). Judgment of and by representativeness. In D. Kahneman, P. Slovic & A. Tversky (Eds.), *Judgment under uncertainty: Heuritics and biases*. New York: Cambridge University Press.

Tversky, A. & Kahneman, D. (1986). Rational choice and the framing of decisions. *Journal of Business*, 59 (4), S251-278.

Van Maanen, J. (1995). Style as Theory. *Organization Science*, 6 (1), 133-143.

von Foerster, H. (2003). *On constructing a reality*. In H. von Foerster (Ed.), Understanding understanding: Essays on cybernetics and cognition. New York: Springer.

von Mises, R. (1939). *Probability, statistics, and truth*. London: Unwin Allen.

Weber, M. (1991). Objectivity and value. In M. McIntyre &

M. Martin (Eds.), *Philosophy of the social sciences*. Cambridge, MA: MIT Press. (Original work published 1911).

Wegner, D. M. (1994). Ironic processes of mental control. *Psychological Review*, 101 (1), 34–52.